Sports Start-up Manual

스포츠 창업 해설서:

스타트업 4.0 미래시장

문개성 지음

박영사

머 리 말

본서의 타이틀은 '스포츠 창업 해설서: 스타트업 4.0 미래시장'입니다. 말 그대로 체육·스포츠 분야의 창업에 대해 어렵지 않게 해설을 하기 위함입니다. 덧붙여 급변하는 시장(market)을 이해하기 위해 4.0 시장의 화두를 공감하고자 부제로 사용했습니다.

시간, 공간, 지식의 경계는 이미 허물어질 만큼 초(超) 연결 시대에 살고 있습니다. 재미있는 콘텐츠가 많아져 혼자 있어도 즐길 거리가 도처에 있습니다. 지식도 넘쳐납니다. 누군가는 그 지식을 활용해 재미를 부여하고, 많은 사람들의 관심을 유도하고 있습니다. 새로운 시장이 형성되고, 생산자와 소비자가 모두 만족하는 성공적인 마케팅으로 이어지고 있습니다.

여러분도 누군가에게 재미와 혜택(benefit)을 전달하고, 관심을 붙잡을 수 있습니다. 신선한 아이디어는 기업에서 나오지 않고, 시장에서 나오는 현상이 부쩍 많아졌기 때문입니다. 앞서 언급한 4.0 시장의 특성이라 할 수 있습니다.

남의 지식은 진정한 자기 지식이 아닙니다. 마치 유튜브를 해보지 않고 1인 미디어를 운운하는 것과도 같습니다. 직접 경험하고 배우는 과정을 통해 체득을 해야 자기 것이 될지 안 될지를 가늠하게 됩니다.

무엇을 할지는 누가 가르쳐 주지 않습니다. 본인 편익을 위해 지시 혹은 부탁하는 정도에 그치는 경우가 허다합니다. 각자 잘하면 됩니다. 기준이란 없기 때문입니다. 사람들이 살아가는 방식이 매우 다양하고, 포괄적이어서 자기 주도적인 의지, 태도, 준비과정, 가치관에 따라 결정되는 것입니다.

창업이란 결국 사람이 하는 것입니다. 여러분도 경험을 많이 하듯이, 누구하고 일을 하느냐에 따라 의지가 에너지처럼 충전되거나 금세 방전됩니다. 이렇듯 의지보다 중요한 것은 환경일 가능성이 높습니다. 의지는 자신과의 싸움 혹은 약속이지만, 환경은 사람 간에 수행하는 절차이므로 보다 강력한 영향력을 갖습니다. 내부고객(직원)을 잘 두어야 동력이 생기고, 외부고객(인 · 허가 관료사회, 경쟁자, 공급자, 소비자)을 잘 두어야 에너지를 축적하며 그 절차가 수월하게 진행됩니다.

다시 말해 사람 간에 수행하는 일이므로 상대 입장을 먼저 알아야 합니다. 그래서 큰 그림을 먼저 그리고, 작은 그림을 그리면서 색칠을 하게 됩니다. 즉, 숲을 보고 나무에 다가간 후, 나뭇가지를 흔들어야 한다고 본 서에서는 표현했습니다. 아무쪼록 스포츠 창업에 관심이 있으신 분들에게 스케치북에 큰 그림을 그리는 정도의 도움이 됐으면 하는 바람입니다. 이후 자기주도적인 결정을 통해 좋은 성과 얻으시길 기원합니다. 더불어 유튜브, 네이버 블로그 'M 스포츠 TV'를 통해 자주 소통할 수 있길 바랍니다. 감사합니다.

2020년 매서운 겨울,
지덕겸수(知德兼修)와 도의실천(道義實踐) 연구실에서
문개성 드림

들어가기에 앞서

책의 특성은 다음과 같습니다.

1. 갈 길 바쁜 예비 창업자를 위해 핵심만 담았습니다.
2. 여기서 잠깐! 코너를 통해 한 템포 쉬기도 하면서 다시 상기시킬 내용을 담았습니다.
3. Start-Up Tip! 코너를 통해 너무 조급하게 다음 단계로 넘어가지 않게 자신을 향한 질문을 담았습니다.
4. 아이템 공감! 코너를 통해 생각해봄직한 창업 아이템을 담았습니다. 이 부분은 스포츠 창업론, 캡스톤디자인과 같은 대학 내 실무적 교과과정을 통해 학생들이 도출하고, 필자가 지도를 하며 공모전수상, 실용신안 획득 등 실질적 성과를 얻었던 내용입니다.
5. 소규모 창업은 하이테크형보다 하이터치형 즉, 기존의 제품과 서비스를 놓고 품질 · 가격 · 디자인 등의 개선을 통해 초기 시장에 안착하는 것이 중요하므로 이 책에 소개하고자 합니다. 이 자리를 통해 졸업을 했거나 재학 중인 수많은 학생들에게 고맙다는 인사를 전합니다.

차   례

나뭇가지를 흔들자

스포츠
창업 해설서

숲을 본다는 것은?

나무를 보기 이전에 숲을 봐야 한다. 잘 알려진 개념이다. 창업의 영역도 마찬가지이다. 좋은 아이
템이 갑자기 떠오를 수도 있고, 다양한 아이디어 중에서 선별하는 순간이 갑자기 올 수도 있다. 큰
그림을 그려놓아야 그 아이템과 아이디어가 효과적으로 살아날 수 있다. 그 안에 담아야 부족하면
수정하고, 보완하고, 단계를 밟으며 한 걸음 더 걸어갈 수 있기 때문이다. 숲을 보기 이전에 나무를
보거나 나뭇가지를 흔들면 중요한 점을 놓칠 수 있다. 스포츠 창업에서 숲을 보는 것은 기업경영,
스포츠 산업과 창업의 방향, 스포츠 기업이 무엇인지 살펴보는 것이다.

제 **1** 부

숲을 보자

제**1**장

기업경영과 창업의 이해

제1절 기업의 의미와 역할

1. 기업의 의미

기업은 자본주의 사회의 시장경제 체제하에서 국민 경제를 구성하는 기본적인 단위가 됐다. 기업이란 소비자가 원하는 제품이나 서비스를 생산하는 조직을 의미한다. 여기서 제품과 서비스라고 분류해서 제시한 이유는 혼용해서 쓰이는 제품(product)과 상품(goods)을 구분하기 위함이다.

즉, 제품과 서비스(services)의 결합이 상품이 된다. 예를 들면 목이 마를 때 마시는 평범한 음료가 제품이라면 특정한 상표(brand)를 부착하고, 마시기 편리한 병에 담겨서 소비자와 거래하는 수준의 물품이 되면 상품이 된다. 기업은 이러한 상품을 소비자에게 선보이기 위해 노동, 자본, 원료(생산요소)를 결합하여 생산을 할 수 있는 조직이다.

Start-Up Tip!

• 자신은 제품과 상품을 구분하는가. 좋은 제품이면 사람들이 좋아할 것으로 믿고 있는가.
• 상품으로 시장에 출시되기까지 서비스의 질적 측면을 이해하고 있는가.
• 시장에 내놓은 순간 다시 주워 담을 수 없다. 제품에 가미된 서비스는 생산되자마자 소멸되기 때문이다. 생산과 소비는 분리할 수 없다.
• 즉, 상품을 시장에 선보이기까지 신중을 거듭해야 한다.

---

2. 기업의 역할

사회가 필요로 하는 물자는 시대마다 다르다. 기술수준, 원료생산, 생활양식 등 사회에서 요구하는 조건과 환경에 따라 달라진다. 이를 충족시킬 수 있는 기업은 그 시장을 선도하게 된다. 기업의 목적은 이 지점에서 찾을 수 있다.

첫째, 기업은 영리추구를 목적으로 한다. 자본주의 시장경제 체제하에서 국민 경제를 구성하는 기본적인 단위로서 존재 목적이 있다.

둘째, 기업은 생산수단을 소유하고 제품과 서비스를 창출하는 인력을 관리하는 목적을 갖는다.

이러한 목적을 통해 기업의 역할을 수행한다. 소비자에게 재화와 용역을 제공할 수 있게 생산 활동을 한다. 이를 통해 이해관계 집단 간의 이해를 조정하거나 사회문제에 참여하기도 한다. 궁극적으로 국민경제에 기여할 수 있도록 지역사회와 국가발전에 도움이 되는 역할을 한다.

여기서 잠깐! 🗣️ **기업가 정신을 이해하라!**

- 기업가 정신과 역할의 개념
  - "사회적 변화를 탐구하고 변화에 대응하며 변화위험을 기회로 여기고 도전, 이용하는 자"(피터 드러커, Peter Drucker)
  - "발명 또는 이전에 시도된 적이 없는 기술적 가능성을 적용, 원재료의 새로운 공급원과 제품의 새로운 판로를 개척하거나 더 나아가 산업을 재편성함으로써 생산양식을 혁신하는 것"(슘페터 Schumpeter, J. A.)

- 기업가 정신의 핵심요소를 위한 근본적인 질문
  - 기회(opportunity): 나는 다른 사람보다 기회를 먼저 발견하는가? 나는 다른 사람이 찾지 못하는 기회를 발견하는가?
  - 위험 감수(risk taking): 나는 위험을 감수할 준비가 돼 있는가? 나는 사업·재무·인적 위험감수를 극복할 수 있는가?
  - 혁신(innovation): 나는 혁신 마인드의 소유자인가? 나는 창조적 파괴자(creative destructor)가 될 준비가 돼 있는가?
  - 가치창출(create value): 나는 가치를 중시하는가? 나는 구성원에게 가치를 부여할 것인가? 나는 사회에 가치를 부여할 것인가? 내가 하고자 하는 일이 가치 있는 일인가?

제2절   경영의 의미와 역할

1. 경영의 의미

경영(management)이란 무엇인가? 기업이 목적을 달성하고 최고의 이익을 실현하기 위한 활동이다. 이를 위해 기업이 운영하는 모든 자산을 활용하게 된다. 이 영역은 전략적인 의사결정이 필요하다. 관리(administration)는 무엇인가? 경영과 혼용돼 사용하기도 하지만 엄밀히 얘기하면 일상적 실현 활동을 체계적으로 파악하는 과정이다. 다시 말해 경영은 효율적이고 효과적인 목적달성을 위해 전략을 구사하는 것이라면 관리는 조직적으로 체계화된 행정적 의미를 담고 있다.

2. 경영의 기능

100여 년이 지났지만 오늘날까지 유효한 경영의 개념을 제시한 학자가 있다. 프랑스 출신 학자 앙리 페욜(Henry Fayol, 1841~1925)이다. 그가 제시한 경영의 과정은 POCCC란 계획(Planning), 조직(Organizing), 지휘(Commanding), 조정(Coordinating), 통제(Controlling)이다.

① 계획은 목표를 설정하고 달성하기 위한 결정 단계이다.
② 조직은 인적자원과 물적 자원을 배치하는 단계이다.
③ 지휘는 구성원들의 성과를 끌어올리는 단계이다.
④ 조정은 여러 자원을 효율적으로 이용하는 단계이다.
⑤ 통제는 문제를 확인하고 대책을 마련하는 단계이다.

현대 경영학에서는 계획, 조직, 지휘, 통제의 4단계를 강조한다. 또한 간략히 PDS(Plan, Do, See) 과정으로 표현한다. 즉, 조직 경영은 계획하고 실행하고 지켜보는 것이다. 물론 문제점이 발생하면 수정·보완하고 다시 실행해야 한다.

이를 토대로 경영자의 정의를 내릴 수 있을 것이다. 경영자(manager)란 계획을 수립하는 사람(planner), 조직화하는 사람(organizer), 지휘하는 사람(leader), 통제하는 사람(controller)의 모든 역할을 수행할 수 있는 사람이다.

Start-Up Tip! 👉

- 자신은 경영자로서 기본적 상식과 태도를 갖추고 있는가.
- 계획적인 사람인가. 조직을 잘 구성하고 조정하는 사람인가. 사람들의 마음을 읽고 자신을 따르게 할 수 있는 사람인가. 뒤를 잘 돌아보며 문제점을 찾는 사람인가. 문제를 알면 고치기 위해 바로 노력하는 사람인가.
- 계획, 조직, 지휘, 통제란 사이클은 단편적인 것이 아니라, 연속적인 과정이다.
- 즉, 자신이 설정해 놓은 시기(분기별, 반기별, 연별)에 맞춰 잘 돌아가고 있는지 반드시 피드백을 거쳐야 한다.

3. 경영의 역할

경영의 역할은 무엇인가? '계획' 과정을 통해 공식적인 문서화 행정체계를 도입할 수 있다. 구두로 지시를 전달한다 할지라도 실행을 하기 위한 장치는 의사 결정권자의 결재가 뒤따라야 한다. 조직이 커지면 위임전결에 따라 중간 관리자에게 결재권을 넘긴다.

'조직화' 과정을 통해 인적 자원을 적재적소에 배치할 수 있다. 페욜이 언급한 조정 과정을 통해 비효율적인 부분을 과감히 없애야 한다. 예를 들어 부서가 5개인데 일이 중복되고 부서 간 소통이 잘 이루어지지 않는다면 2~3개로 부문화(departmentalization) 할 수 있다. 즉, 직무를 어떻게 묶는 것이 효율적인지 고려해야 한다. 물론 업무가 많아지고 조직이 커지면 직무를 어떻게 세분화할 것인지에 대한 분화(differentiation)를 고려할 수 있다.

'지휘화' 과정을 통해 조직 내 구성원들이 해야 할 일을 명확하게 전달할 수 있어야 한다. '무조건 나를 따르라'라는 식의 일방적 지휘는 단기간에 성과를 내는데 효과가 있을 수 있지만, 동기부여 차원에서는 역효과를 불러올 수 있다. 경영자의 리더십, 구성원의 동기부여, 상호 간의 커뮤니케이션은 떼려야 뗄 수 없는 조직 문화이다.

스포츠 팀과 구단과 같은 조직은 패키애너선 첼라두라이(Packianathan Chelladurai, 1927~)가 제시한 '통솔(leading)'의 의미로 해석할 수 있다. 예를 들어 국가대표 축구팀을 지휘하는 감독이 경기 중에 선수 교체를 하기 위해 최고 경영층의 의사결정을 기다리지 않는다. 현장에서 강력한 통솔을 통해 리드해야 한다.

'통제' 과정은 계획, 조직, 지휘 과정별로 뒤를 돌아봐야 한다. 이 의미는 각 단계가 잘 수행되고 있는지, 문제점은 없는지, 고쳐야 할 점이 있는지 등을 점검한다는 것이다. 다시 말해 개선점을 찾고 적용하는 과정으로 과감한 의사결정이 필요한 부분이다.

첼라두라이는 이 부분을 '평가(evaluation)' 과정으로 스포츠 조직에 적용했다. 일반 조직처럼 분기별, 반기별, 연도별 등으로 성과를 내는 특성이 있지만, 팀 혹은 구단 성적이 즉각적으로 결과가 나오는 특성을 가진다. 즉, 성적이 저조하면 선수와 감독을 언제든지 교체할 수 있는 피드백(feedback)과 의사 결정이 이루어진다.

4. 경영의 목적

경영의 목적은 어떻게 정리할 수 있을까? 우선 개인의 이익을 충족시킨다. 조직이란 특정한 목표를 달성하기 위해 체계적인 시스템을 운용하는 2명 이상의 인간의 집합체이다. 즉, 개인의 이익에 따라 조직의 이익으로 연결된다.

또한 이타적인 일을 하기 위한 방법이 경영의 목적이 될 수 있다. 사람 간의 협력이란 기본적으로 이타성에 기초한다. 자기 비용으로 타인 편익을 증가시키는 행위인 것이다. 자신만의 이익을 극대화하는 행위는 협력이 무너지고 결국 조직이 와해될 수 있다.

『통섭: 지식의 대통합』으로 잘 알려진 사회생물학자인 애드워드 윌슨(Edward O. Wilson)은 이타적 행동을 우리 인간의 덕목이라 했다. 그는 진(進)사회성(eusociality) 동물이라 표현했다. 인간은 나와 우리를 보호하기 위해 이타적 행동을 하게 됐고, 진화를 거듭했다는 것이다. 최근 웹 기반으로 한 집단지성(collective intelligence)의 위력을 실감하고 있다. 급변하는 시장(market) 상황을 잘 파악해야 소비자의 목소리를 이해할 수 있는 시대다.

5. 경영자의 계층

로버트 카츠(Robert L. Katz, 1917~)는 경영자를 계층별로 구분하고 필요한 기술을 제시했다. 일반적으로 인식하기에 경영자라고 하면 임원급에 해당하는 최고 경영자만 떠올린다. 카츠에 따르면 경영층은 크게 세 가지로 분류할 수 있다.

① 최고경영층(top manager)은 회장, 사장, 부사장, 전무 등 조직 전체의 향방에 대해 의사결정을 하는 집단이다.

② 중간경영층(middle manager)은 부장, 팀장 등의 직급에 해당하는 집단으로 최고경영
층의 의사결정을 잘 수용하고, 하부조직에 전달하는 집단이다.

③ 일선경영층(first-line manager)은 과장, 계장, 감독자 등 분야별 실무를 책임지고 담
당하는 집단이다.

미래학자 제레미 리프킨(Jeremy Rifkin, 1945~)은 20세기에 주목할 만한 혁신 기업으로
나이키를 꼽았다. 나이키 본사는 미국 오리건주의 비버튼이란 도시에 위치해 있다. 글로
벌 스포츠 용품기업이기 때문에 많은 사람들은 엄청난 규모의 설비공장이 있고 직접 가
동할 것으로 생각하지만 실상은 그렇지 않다. 연구 디자인실 규모의 건물과 부속시설이
있을 뿐이다.

즉, 최고경영층은 글로벌 시장에서 생존하기 위한 전략을 결정한다. 세계 소비자에게
인식시킬 수 있는 브랜드 가치를 높이고 디자인을 연구한다. 중간경영층은 북미, 아시
아, 남미 총판과 같은 조직에 있다. 상부에서 하달된 미션, 비전, 가치를 잘 수용하고 현지
시장에 적용하고 원활한 관리를 하게 된다. 일선경영층은 동남아시아 등지에 위치한 생
산협력업체에 있다. 원단을 확보하고 차질 없이 제품과 서비스를 양산하고 마케팅을 통해 판
매하는 역할을 담당한다. 리프킨은 나이키가 용품을 판매하는 것이 아니라 이미지를 판
매하는 것이라 표현했다. 이를 통해 21세기 부(富)의 축적은 20세기의 수많은 기업이 해
왔던 것처럼 소유에 의해 이루어지지 않고, 인간의 상상력과 창조력과 같은 지적자본이
중요하다고 했다.

카츠는 경영자를 계층별로 구분하고 각각 다른 기술의 중요성을 설파했다.

① 최고경영층은 개념적 기술(conceptual skills)을 갖추어야 한다.

② 중간경영층은 대인관계 기술(human skills)을 갖추어야 한다.

③ 일선경영층은 전문적 기술(technical skills)을 갖추어야 한다.

최고경영층은 조직이 처한 내부환경과 외부환경을 잘 파악해야 한다. 조직 전체를
보는 상황판단 능력이 요구되고, 전략적인 의사결정을 해야 한다. 글로벌 자동차 기업 총
수가 현장에 가서 나사를 잘 조이라고 한다거나, 회사 사장이 보고 자료를 못 믿겠다며
직접 계산기로 수치를 두드린다고 생각해보라. 기업의 장기목표와 자원배분 등에 관해

기업 전체에 영향요인을 판단하는 위치와는 맞지 않다.

중간경영층은 조직 내에서 상·하 혹은 좌·우 구성원과의 원활한 관계가 요구된다. 최고경영층이 결정된 사안을 차질 없이 진행이 되는지 관리한다. 즉, 관리적 의사결정을 해야 한다. 구성원들 앞에서 보란 듯이 상부의 의사결정이 마음에 들지 않다거나, 이런 식의 의사결정은 조직에 해를 입힌다고 불평불만을 한다고 생각해보라. 마음에 들지 않으면 다른 회사로 가면 된다. 자기 조직 혹은 팀의 목표를 달성하기 위해 필수적인 대인관계 능력을 발휘해야 하는 위치와는 거리가 멀기 때문이다.

일선경영층에게는 현장실무능력이 중요하다. 앞서 언급한 나이키를 예로 들면 베트남 현지 생산시설의 공장장에 해당된다. 즉, 능숙한 업무수행을 담당해야 한다. 고객과 직접적으로 대면하기 때문에 제품과 서비스의 제공과 대처 능력이 필요하다. 이를 위해 기능적 혹은 운영적 의사결정을 해야 한다.

태권도장의 관장은 최고경영자이고, 여러 명의 사범은 중간경영자 혹은 일선경영자에 해당된다. 즉, 관장이 직접 관원을 위해 시범을 보이는 것도 필요하지만 정작 중요한 것은 다른 도장과의 경쟁력에서 우위에 있기 위해서는 좋은 기량과 코칭 능력을 가진 사범을 채용하는 것이다.

Start-Up Tip!

• 자신은 하나에서 열까지 사사건건 지적하는 사람인가.
• 자신은 기술과 네트워크를 충분히 갖추었다고 생각하는가.
• 자신이 최고경영자라면 현장에서 발생하는 문제는 일선경영자 → 중간경영자로부터 올라온 문제와 대안을 먼저 경청해야 한다.
• 조직의 미션과 비전을 다시 공유·공감하게 하고, 명확한 방향을 설정해 지시해야 한다.

6. 경영자의 역할

헨리 민츠버그(Henry Mintzberg, 1939~)는 경영자의 세 가지 역할을 제시했다.

① 경영자는 대인관계 역할(interpersonal roles)을 잘해야 한다.

② 경영자는 정보수집 역할(informational roles)을 잘해야 한다.

③ 경영자는 의사결정 역할(decision roles)을 잘해야 한다.

민츠버그는 위의 역할을 잘 수행하기 위해 총 열 가지의 지위를 명확히 이해해야 한다고 강조했다.

① 대인관계 역할을 잘 수행하기 위해 대표(figurehead), 리더(leader), 연결자(liaison)란 지위를 이해해야 한다.

② 정보수집 역할을 잘 수행하기 위해 감시자 혹은 탐색자(monitor), 전파자(disseminator), 대변자(spokesperson)란 지위를 이해해야 한다.

③ 의사결정 역할을 잘 수행하기 위해 창업자 혹은 기업가(entrepreneur), 문제 해결자 (disturbance handlers), 자원 분배자(resource allocator), 협상가(negotiator)란 지위를 이해 해야 한다.

판촉사원이 고객을 찾아가는 과정을 예로 들어보자. 그 사원은 카츠가 제시한 최고경영자, 중간경영자, 일선경영자는 아니더라도, 최소한 일선경영자의 지침을 받고 파견된 구성원이다. 현장실무를 차질 없이 수행하기 위해 판촉사원이 투입된 것이다.

즉, 그 사원은 조직의 미션, 비전을 공유하고 고객과 대면하는 것이다. 다시 말해 민츠버그가 제시한 대인관계, 정보수집, 의사결정의 역할을 할 수 있어야 한다. 물론 고객이 요구하는 모든 사항을 현장에서 결정할 수 없는 부분이 있을 것이다. 그렇다고 그 분야는 본인 담당이 아니라서 잘 모른다는 취지의 답변을 전하게 되면 전문성에 관한 확신성(assurance)이 떨어지게 마련이다. 현장에서 접수하고 돌아간 뒤, 신속하게 고객에게 연락을 취하며 궁금한 점을 해소시켜야 한다. 판촉사원은 물건만 잘 파는 것도 중요하지만, 회사를 대표해서 파견된 경영자를 대변하는 구성원이다.

Start-Up Tip!

- 자신이 최고경영자라면 정보를 독점할 것인가, 공유할 것인가.
- 하부직원이 회사를 대표해 클라이언트를 만난다면 보다 많은 권한을 위임할 것인가, 사사건건 보고를 받고 자신이 결정할 것인가.
- 모든 직원이 경영자의 마음으로 업무를 처리할 수 있도록 책임과 권한이 부여돼야 한다.

제3절 리더십

1. 리더와 경영자

리더십(leadership)이란 조직의 목적을 성취하기 위해 구성원들을 이끄는 힘이다. 특히 자발적으로 참여하도록 영향력을 행사하는 과정이나 능력으로 각종 유인들을 제공하게 된다.

리더와 경영자는 어떻게 다를까? 리더(leader)란 조직이 가야할 방향을 제시할 수 있다. 조언이 뒤따르기도 하고 강력한 카리스마로 변화와 혁신을 주도하게 한다. 또한 구성원들에게 명확한 비전을 제시하는 직관적이고 영감적인 의사결정을 할 수 있다.

경영자(manager, 관리자)는 리더와 달리 공식적이고 사무적인 입장을 취한다. 조직 목표달성을 위해 계획, 조직화, 지휘 및 통제의 역할을 한다. 즉, 조직 구성원들이 주어진 일이 완성되도록 업무를 분담하게 하고, 공식적인 업무과정을 통해 기계적 의사결정을 할 수 있다.

2. 리더십 종류

리더십은 거래적 리더십(transactional leadership)과 변혁적 리더십(transformational leadership)이 있다. 거래적 리더십의 특징은 대표적으로 조건적 보상을 강조한다. 조직 구성원들의 생산성이 확보되면 보상으로 연결해준다. 변혁적 리더십의 특징은 영감을 불어넣고 지적인

자극을 준다. 구성원들 스스로 문제를 해결할 수 있는 능동적 태도를 함양할 수 있도록
한다.

한국 축구가 위기에 빠질 때마다 인구(人口)에 회자되는 거스 히딩크 감독을 떠올릴
것이다. 2002년 한·일 월드컵 때 한국 축구팀을 4강으로 이끈 리더이자 경영자였다. 즉,
관행적으로 운영됐던 대표팀이 가야할 방향을 명확히 제시했고, 목표를 달성하기 위해
관리자의 면모를 보여주었다.

올림픽, 아시아경기대회, 월드컵 등 세계적인 스포츠 경기에서 우수한 성적을 거둘
때마다 선수들의 병역문제가 대두된다. 전형적인 조건적 보상이 뒤따르는 거래적 리더
십을 국가 차원에서 법적·제도적으로 구축했다. 히딩크는 거래적 리더십에 더해 변혁적
리더십을 보여주었다. 오랫동안 이어온 수동적인 선수들에게 영감을 주고 창의적 플레
이를 할 수 있게 했다. 거래적 리더십과 변혁적 리더십을 보여준 사례다.

Start-Up Tip!

• 자신은 어떤 리더십을 발휘하는가. 보상을 담보로 하는가, 창의력을 배양하는가.
• 실무현장에서 창의적 플레이는 책임과 권한이 부여될 때 가능하다.
• 즉, 거래적 리더십과 변혁적 리더십을 적절하게 혼합하여 구사해야 한다.

---

3. 리더십 이론

시기별로 명확하게 구분할 수는 없지만 시대적 상황과 맞물려 발전되어온 리더십
이론을 살펴보자.

① 특성이론(trait theory)은 리더의 개인 자질과 성격에 중점을 두었다.
② 행동이론(behavioral theory)은 교육을 통해 훌륭한 리더로 될 수 있다는 데 중점을
   두었다.
③ 상황이론(situational theory)은 리더가 처해 있는 상황에 잘 부합돼야 성과창출을 할
   수 있다는 데 중점을 두었다.

특성이론은 카리스마 넘치는 사람이 왠지 외모뿐만 아니라 지성과 실력도 갖추었을 거란 가정이 내포돼 있다. 즉, 보통사람보다 뛰어난 측면을 연구하였다. 하지만 일반사람들에 비해 더 우수한 부분이 일반화될 수 있는지는 의문이다.

행동이론은 1940년대 후반부터 등장했다. 리더는 특성이론처럼 타고난 것이 아니라 만들어질 수 있음을 연구했다. 주로 미국의 아이오와, 오하이오, 미시간 대학연구를 통해 발전했는데, 대표적으로 로버트 블레이크(Robert R. Blake, 1918~2004)와 제인 머튼(Jane S. Mouton, 1930~1987)이 제시한 관리격자(managerial grid) 모형이 많이 알려져 있다.

그림을 보면 수평축은 생산에 대한 관심(concern for production)을 나타내고, 수직축은 인간에 대한 관심(concern for people)을 계량화하였다. 즉, 1.1형은 방임형(무관심형), 1.9형은 인간중심형(인기형), 9.1형은 과업중심형, 5.5형은 중간형(타협형), 9.9형은 이상형(팀형)이라 했다.

그림 1-1

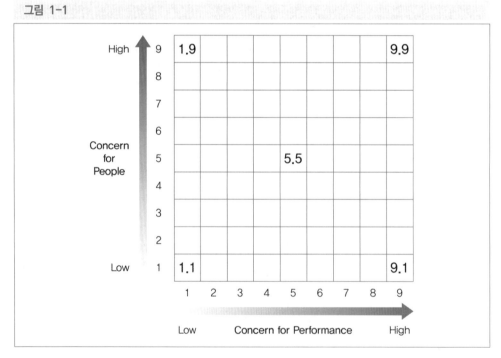

▲ 관리격자 모형

상황이론은 로버트 하우스(Robert J. House, 1932~2011)에 의해 개발된 경로－목표 이론 (path-goal theory)이 대표적이다. 리더의 역할을 구성원들에게 길(path)을 따라 목표지점 (goal)에 이르도록 유도한다. 그는 지시적 리더(directive leader), 지원적 리더(supportive leader), 참여적 리더(participative leader), 성취 지향적 리더(achievement oriented leader)의 단계를 강조했다.

Start-Up Tip!

- 자신은 관리격자이론에서 어떤 유형의 리더인가.
- 인간에만 관심이 있어 회식을 통한 친분만을 중요시하는가(1.9). 생산에만 관심이 있어 비인간적인가(9.1), 중간만 가자란 스타일인가(5.5), 인간과 생산이란 두 마리 토끼를 모두 잡으려고 하는가 (9.9).
- 자신은 목표 달성 방법을 명확히 지시하는가(지시적 리더). 구성원들이 무엇이 필요한지 관심을 갖는가(지원적 리더). 의사결정 과정에서 구성원들의 의견을 적극 반영하는가(참여적 리더). 개인성과 창출이 곧 조직 전체의 성과라고 생각하는가(성취 지향적 리더).
- 자신이 리더라고 생각한다면 명확한 스타일을 갖추어야 한다.

제 4 절 동기부여와 커뮤니케이션

1. 동기부여 이론

동기부여(motivation, 동기유발)란 시키지 않았는데도 자발적으로 하는 과정이다. 물론 조직성과를 위해 최선을 다하게 하는 과정이란 의미도 있다. 동기부여 이론은 크게 두 가지로 분류해서 설명할 수 있다.

① 내용이론(content theories)은 내용을 통해 개인의 노력, 방향, 지속성을 유도한다는 데 중점을 두었다.

② 과정이론(process theories)은 과정을 통해 개인의 노력, 방향, 지속성을 유도한다는 데 중점을 두었다.

내용이론에서 대표적으로 에이브러햄 매슬로우(Abraham H. Maslow, 1908~1970)의 욕구 단계 이론(hierarchy of need theory)이 있다. 하위욕구(deficiency needs)가 충족되면 더 성장하고 싶어서 상위욕구(growth needs)가 생긴다는 것이다. 매슬로우는 다섯 가지 단계를 제시했다.

첫째, 생리적 욕구가 있다. 배고픔, 목마름, 수면, 휴식, 성욕과 같은 원초적 욕구이다.

둘째, 안전 욕구가 있다. 생리적 욕구가 충족되면 질병, 고통, 상해로부터 벗어나 안전을 추구하는 욕구가 생긴다.

셋째, 사회적 욕구가 있다. 안전 욕구가 충족되면 사회적으로 사람들과 친분을 쌓고 소속감을 갖기 위한 욕구가 생긴다.

넷째, 존경 욕구가 있다. 사회적 욕구가 충족되면 많은 사람들로부터 인정과 존경을 얻고 싶은 욕구가 생긴다.

마지막으로 자아실현 욕구가 있다. 인간이 추구하는 궁극적인 욕구로서 개인의 잠재적 능력을 발휘하고 스스로 인정을 하고 싶은 욕구이다. 흔히 최고 경지에 올랐던 선수들이 인터뷰를 통해 금메달을 꼭 따겠다는 각오보다 자신과의 싸움이라는 취지로 응하는 경우를 볼 수 있다.

과정이론에는 존 애덤스(John S. Adams, 1925~)의 공정성 이론이 있다. 사람은 조직 내에서 자신이 노력해서 성취한 만큼 보상을 받길 원한다. 공정하지 못한 경우를 목격하면 의욕이 떨어질 뿐만 아니라 분노가 일어날 수도 있다. 애덤스는 사람이 자신의 성과에 대한 보상을 받을 때 사회적 공정성(social equity)이 발생한다고 했다. 이를 통해 동기부여가 되는 것이다. 조직 내에서의 공정성은 세 가지로 분류했다.

첫째, 분배 공정성이다. 구성원 사이에 보상의 양과 할당이 공정해야 한다.

둘째, 절차 공정성이다. 결과도 중요하지만 그 과정도 공정해야 한다.

셋째, 상호작용 공정성이다. 부당대응을 통해 반대급부로 발생할 수 있는 대응과 보복을 미연에 차단해야 한다.

Start-Up Tip!

- 자신은 구성원에게 먹고 사는 것만 해결해준다고 강조하고 있지 않은가.
- 자신은 스스로 공정하다고 생각하는가.
- 자신의 리더십을 통해 동기부여를 극대화해야 한다.
- 이를 위해 구성원의 자존감을 높여줄 수 있는 높은 차원의 방안을 마련해야 한다.
- 공정은 아무리 강조해도 지나치지 않은 중요한 덕목이다.

2. 의사소통 과정과 활성화

의사소통(커뮤니케이션)이란 한 사람에게서 다른 사람에게로 정보를 이전하고 이해시키는 과정이다. 조직 내에서 상호 간 의사소통이 원활하다고 생각하는 것은 지양해야 한다. 의외로 소통이 잘 이루어지지 않는다. 이는 자신의 입장만 고려하기 때문이다. 모 기업 모 대표가 이런 말을 했다. 조직 내에서 조심해야 할 사람, 특히 중간경영자(관리자) 이상에서 경계해야 할 사람은 공감(共感) 능력이 떨어지는 사람이라고 했다. 일을 못하면 적재적소의 배치(조직화)로 보완할 수 있으나 공감이 안 되면 개인은 물론 조직 전체에 부정적인 영향을 미치게 된다. 남을 이해하고 배려하지 못하기 때문이다.

보통 커뮤니케이션의 장애발생 원인을 세 가지로 분류할 수 있다.

① 개인적 차원에서 소통이 안 될 수 있다. 송신자와 수신자 간의 기술적 차이이다. '아~'라고 했는데 상대편에서는 '어~'라고 받아들인 경우다.

② 조직적 차원에서 소통이 안 될 수 있다. 조직자체가 지나치게 경직돼 있거나, 긴밀한 소통이 필요한 부서 간, 조직 간의 거리가 먼 경우에 발생한다.

③ 메시지 차원에서 소통이 안 될 수 있다. 메시지 양이 방대하거나 내용이 복잡한 경우, 정보를 이해하고 적용해야 할 시간적 제약이 있는 경우 발생한다.

그렇다면 조직 내에서 커뮤니케이션을 어떻게 활성화해야 할까? 우리나라 특유의 회식문화만 강조하고 자주 한다고 해서 해결되는 문제가 아니다. 근본적인 해결책을 이해하고 적용해야 한다.

첫째, 수신자 입장을 고려해야 한다. 대개 위에서 지시하면 아래에서는 알아서 해석할 것으로 착각한다. 또한 기안문을 작성하고 보고할 때도 문서를 작성하는 사람의 입장과 수준이 아니라 보고 받는 사람 입장을 전적으로 고려해야 한다.

둘째, 적절한 기호를 사용해야 한다. 사람들은 자신의 논리와 글의 전개방식을 다른 사람도 이해할 것으로 생각하지만 그렇지 않다. 구두(口頭)이든 글이든, 의사소통은 보편적 용어로 소통하고 상호 이해했는지 확인해야 한다.

셋째, 신뢰적 분위기를 조성해야 한다. '기브앤테이크(give and take)'로만 조성된 조직은 경색될 수밖에 없다. 성공적인 조직을 위해서는 사람 간의 공감과 공유가 물 흐르듯 수시로 이루어져야 한다. 앞서 제시한 경영자 역할에서 정보를 독점하기 보다는 수집한 정보에 대해 전파자(disseminator)가 돼야 한다.

마지막으로 정보흐름의 규제가 필요하다. 지나친 정보의 전파는 자칫 유용한 정보를 걸러내지 못할 수도 있다. 또한 핵심정보에 대한 공유의 남용은 경쟁사로부터 위협의 요인으로 돌아올 수도 있다. 최고경영층은 전략적으로 노출시키지 말아야 할 정보와 일반적인 정보를 잘 구분해야 한다. 더불어 조직 내에 부정적 정보가 유입됐을 시 신속히 제거할 수 있는 공유 체계를 마련해야 한다.

Start-Up Tip!

- 자신은 상대를 배려하며 대화와 지시를 하는가.
- 조직적 차원에서 원활하지 못한 소통을 개인적 차원으로 생각한 적은 없는가.
- 정보의 흐름을 어떻게 분류하고 조절을 하는가.

제**2**장

스포츠 산업과 창업의 방향

제1절 스포츠 산업의 이해

1. 스포츠 산업의 정의

산업(産業, industry)이란 무엇인가? 인간이 생계를 유지하기 위해 일상적으로 종사하는 생산적 활동을 뜻한다. 1차 산업은 농업, 축산업, 어업, 임업, 수산업이 해당된다. 2차 산업은 건설업, 광업, 제조업 등이 있고, 3차 산업은 상업, 금융, 보험, 유통 등이 속해 있다. 4차 산업은 정보, 의료, 교육서비스 등의 지식집약형 산업이다. 5차 산업에는 취미, 오락, 패션산업 등으로 묶기도 한다. 즉, 물적 재화의 생산과 서비스 생산을 포함하는 산업은 인간이 살아가는데 유용한 체계적인 행위가 발전하면서 다변화하게 된다.

스포츠 산업은 어디에 해당될까? 최소한 2차 산업부터 시작될 수 있다. 경기를 치러야 하는 경기장과 부대시설 등의 건설업이 있기 때문이다. 또한 유통과 서비스가 이루어지는 3차 산업으로 확장된다. 더불어 스마트 경기장, 스마트 용품, 가상현실 중계 등 앞으로 대중화될 수 있는 4차 산업과도 밀접한 관계를 지녔다고 볼 수 있다.

스포츠란 무엇인가? 2007년에 제정된 스포츠산업 진흥법에 정의돼 있다. "건강한 신체를 기르고 건전한 정신을 함양하며 질 높은 삶을 위하여 자발적으로 행하는 신체활동을 기반으로 하는 사회 문화적 행태를 말한다."

스포츠 산업의 정의도 동법에 명시돼 있다. "스포츠와 관련된 재화와 서비스를 통하여 부가가치를 창출하는 산업이다." 그렇다면 부가가치를 창출하기 위해서는 어떠한 노력이 필요할까? 정의를 내린 후, 분류를 하고, 각각 특성을 분석하여 해당 분야에 제도를 마련하거나 예산을 투입하여 경제적 효과를 기대하게 된다.

Start-Up Tip!

• 자신은 스포츠 산업에 대해 알고 있는가.
• 스포츠 분야의 창업을 꿈꾸면서 스포츠 산업의 개념을 알고자 했는가.
• 체계적으로 스포츠 창업을 준비하기 위해서는 국내 스포츠 산업이란 가장 큰 울타리를 이해해야 한다. 어떤 분야가 됐든 스포츠 산업에 포함돼 있기 때문이다.

---

2. 스포츠 산업의 분류

스포츠 산업 분류는 국가, 학자, 시대마다 다르다. 사정에 맞게 정책을 담아야 하기 때문이다. 우리나라는 세 차례 정책 과정을 업데이트하면서 '스포츠 산업 특수 분류 3.0'에 따라 세 가지의 대분류(스포츠 시설업, 스포츠 용품업, 스포츠 서비스업)를 하고 있다. 앞서 설명했듯이 분류를 명확히 해야 하고, 각각의 규모와 특성을 파악한 후 제도를 만들고 예산을 투입하게 된다. 이 분류는 2012년 12월에 제정돼 현재까지 사용되고 있다.

① 스포츠 시설업이 있다. 스포츠 시설운영업, 스포츠 시설건설업으로 중분류를 했다.
② 스포츠 용품업이 있다. 운동 및 경기용품업, 운동·경기용품 유통 및 임대업으로 중분류를 했다.
③ 스포츠 서비스업이 있다. 스포츠 경기서비스업, 스포츠 정보서비스업, 스포츠 교육기관, 기타 스포츠 서비스업으로 중분류를 했다.

그림 2-1을 살펴보면 대분류 3종, 중분류 8종, 소분류 20개, 세분류 65개로 구분했다. 국내 스포츠 산업 규모는 어느 정도일까? 2017년 기준으로 살펴보자. 전 세계 스포츠 산업 시장규모는 1,430조 원으로 추산한다. 우리나라는 74.7조 원으로 전 세계 규모의 5.2% 수준이다. 국내 스포츠 산업 매출액은 연평균 3.6% 수준으로 성장하고 있어 전망이 좋은 편이다. 국내 사업체 수는 101,207개로 연평균 2.8% 성장을 보이고, 종사자 수는 42만 3천 명으로 연평균 4.5% 성장률을 보였다. 대략 10만 개 업체와 50만 명 규모의 사람들이 사회 문화적 행태를 불러일으키는 관련한 재화와 서비스를 통하여 부가가치를 창출하고 있는 것이다.

극복해야 할 부분이 있다. 이는 문화체육관광부(2019)에서 5년 마다 제시하는 정책적 과제인 '제3차 스포츠 산업 중장기 발전계획(2019~2023)'에 잘 나타나 있다. 즉, 정부는 문제점을 알고 개선점을 찾기 위한 노력을 통해 실질적 성과를 얻어야 한다.

우선 2017년 기준으로 스포츠 시설업이 23.5%, 스포츠 용품업이 45.5%, 스포츠 서비스업이 31.0%로 용품업 분야에 치중돼 있다. 또한 10만 여개로 추산되는 스포츠 산업 분야의 사업체에서 10인 미만이 약 96%, 100억 미만 기업체가 약 99%로서 영세한 기업이 다수이다. 이를 극복하기 위해 성장단계별로 어떻게 지원하고 체계적으로 관리할 것인지 문제제기와 개선방안을 담았다.

그림 2-1

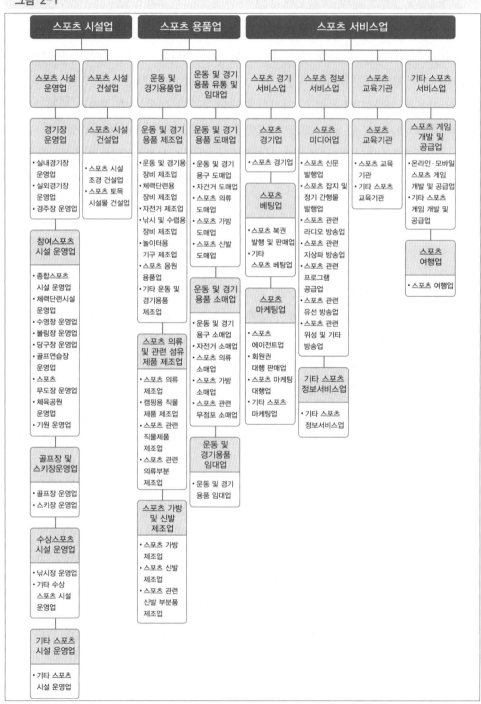

▲ 국내 스포츠 산업 분류

정부는 '경제 성장을 이끄는 스포츠 산업'이란 비전을 통해 2023년까지 중단기 목표를 제시했다. 2017년 기준으로 75조 원 스포츠 산업규모를 2023년까지 95조 원으로 확대하겠다고 했다. 매출액 10억 원 이상 기업을 동년도 기준, 6,200개에서 7,000개로 확대, 10인 미만 기업의 비중을 96%를 93%로 낮추겠다는 목표를 세웠다. 이 정책에 동참할 것인가 혹은 먼 산 보듯이 바라만 볼 것인가.

Start-Up Tip!

- 자신은 국내 스포츠 산업의 분류에 대해 알고 있는가.
- 자신이 하고자 하는 스포츠 창업은 어디에 속하는가.
- 정부의 정책을 예의주시하는 편인가 혹은 주변 지인들의 얘기에 의존 하는가.
- 문화체육관광부 홈페이지의 정책자료(체육백서, 스포츠 산업백서, 중장기계획, 업무보고, 보도자료 등)를 항상 접할 준비가 돼 있어야 한다.
  - www.mcst.go.kr

---

3. 스포츠 산업의 특성과 중요성

국가에서 스포츠 산업을 육성하겠다는 의지를 표명한 이유는 성장 가능성이 높기 때문이다. 스포츠 산업의 특성을 살펴보면 다섯 가지로 이해할 수 있다.

① 공간과 입지 중시형 산업이다.
② 복합적인 산업분류 구조를 가진 산업이다.
③ 시간 소비형 산업이다.
④ 오락성이 중심 개념인 산업이다.
⑤ 감동과 건강을 가져다주는 산업이다.

스포츠 소비자는 크게 세 가지로 분류한다. 특정 종목을 배우기 위한 참여 스포츠 소비자, 경기장에 가서 소비하는 관람 스포츠 소비자, TV·소셜 미디어 등을 통해서 소비하는 매체 스포츠 소비자가 있다.

스포츠를 소비한다는 개념은 무엇인가. 배우고 싶은 종목을 선택하고 스포츠 센터에 등록하는 행위, 경기를 관람하기 위해 티켓을 구매하는 행위, 더 나은 관람서비스 품질을 확보하기 위해 유료 콘텐츠를 구매하는 행위가 있다. 이 외에도 유튜브(YouTube)란 무료 오픈소스 미디어를 통한 관람 서비스를 보면서 자연스럽게 노출되는 광고도 있다. 부수적인 소비 행위로 연결될 수 있는 구조이다.

공간과 입지를 중시한다는 것은 시설의 접근성과 규모에 관한 하드웨어적 측면을 말한다. 즉, 스포츠 산업은 시설에 대한 의존도가 높다. 스포츠 센터를 운영하기 위해서는 소비자가 참여하기 쉬운 장소를 신중히 선택하는 것은 당연하다. 야외 체육지도 수업을 하기 위해서도 접근이 편리한 장소를 물색해야 한다.

복합적인 산업분류가 내포된 스포츠 산업은 앞서 언급한 스포츠 산업 분류에서도 나타난다. 경기를 관람하기 위해 특정한 시설을 방문하는 것은 경기 서비스를 보기 위함이고, 쾌적한 시설 서비스도 찾기 위한 목적을 내포한다. 스포츠 시설, 스포츠 용품, 스포츠 서비스 분야의 특정한 영역만 충족시켜준다고 소비자가 만족할 수 있는 분야가 아니다. 복합적인 개념의 스포츠로부터 도출된 사회 문화적 행태의 재화와 서비스를 제공하는 산업이다.

시간을 소비하는 개념은 참여 스포츠, 관람 스포츠, 매체 스포츠를 소비하기 위해선 시간을 투자해야 한다는 것이다. 다시 말해 스포츠 콘텐츠 생산자가 바쁜 현대인에게 시간을 관리해주는 서비스를 제공한다면 소비자 만족도는 높아질 것이다. 효율적인 시간 투자, 효과적인 소비 행위의 연결을 어떻게 조성하느냐의 문제가 중요하다.

오락성은 어떻게 보면 가장 중요한 개념이다. 재미가 없는 스포츠 산업이란 그 자체가 무의미해질 수 있다. 게임이 아닌 영역을 게임이란 요소를 가미해서라도 재미를 부여하는 게이미피케이션(gamification, 게임화) 현상을 주목해야 한다. 어떻게 하면 재미를 부여할까. 가장 근본적인 질문임과 동시에 지속 가능해야 하는 분야이다. 소비자의 흥미를 잃지 않게 해야 한다. 또한 재미를 느끼는 과정, 수준 등이 개별적으로 다르고, 시대 트렌드에 따라 변화하기 마련이다.

이러한 흐름을 파악하고 항상 호기심을 불러일으키는 재미부여 전략은 매우 중요하다. 2019년부터 실시한 수원 kt위즈 홈구장의 5G 생중계 서비스는 그 자체가 관심을 집중시키는데 성공했다. 스마트폰을 통해 보고 싶은 관점에서 경기를 관전할 수 있게 되면서 팬에게 끊임없이 재미를 부여하고 있다.

궁극적인 가치는 감동과 건강을 부여하는 것이다. 체육·스포츠 분야에 발을 내딛고 난 후, 감동과 건강을 느낄 수 있는 심리적 측면은 소비자의 만족도를 최상으로 끌어올리는 원동력이 될 수 있다.

스포츠 산업은 왜 중요한가. 우선 고부가가치 산업이기 때문이다. 또한 새로운 기술과 접목해 무한한 성장 잠재력이 있다. 미디어적 가치를 내포함으로써 최첨단 영상기술을 동원해 재미가 부합된 스포츠 콘텐츠와의 융·복합은 가속화될 것이다. 궁극적으로 국민복지에 기여하므로 정책을 입안하는 주체는 사업명분을 갖게 되고, 건강한 삶을 살고자 하는 인간의 근본적인 욕구와 수요에 부흥하게 될 것이다.

이와 같이 스포츠 산업이 갖는 특성을 잘 이해하고 적용해야 한다. 스포츠 산업의 중요성이 시대적 변화에 따라 그 어느 때보다 피부에 와 닿을 만큼 비중이 커졌다. 100세 시대라 일컫는 고령화 사회, 복지 분야가 갈수록 확대될 수밖에 없는 1인당 GDP 3만 달러 사회, 의식수준이 높아져 자신을 비롯해 가족과 사회의 건강을 인식하는 사회, 건강 자체가 경쟁력이라고 생각하는 사회 등 다양한 사회를 바라보는 의식과 현상에 맞닿아 있다.

Start-Up Tip!

• 자신은 스포츠 산업 내에서 활동하는 일원이라고 생각하는가.
• 자신의 스포츠 창업 콘텐츠는 스포츠 산업 특성 다섯 가지에 어울리는가.

스포츠 창업의 방향

 여기서 잠깐!　　　　　창업정신, 유형, 과정을 이해하라!

• 창업정신의 핵심요소
  - 창의성(creativity): '새로운 것을 생각하는 것(Thinking new things)'
  - 혁신(innovation): '새로운 것을 행하는 것(Doing new things)'
  - 기업가 정신(entrepreneurship): '시장에서 가치를 창출하는 것(Creating value in the market place)

• 창업의 유형
  - 유형 I: 기술창업자(technical entrepreneur), 일반(기회) 창업자(general/opportunistic entrepreneur), 사내창업자(intrapreneur)
  - 유형 II: 제조업 창업, 도·소매업 창업, 서비스업 창업이 있다. 이 외에도 독립사업과 프랜차이즈 가맹사업, 혁신적 창업과 모방창업, 개인 중심 창업과 팀 중심 창업, 무점포 창업과 점포 중심형 창업, 기업매입 등이 있다.

• 창업 과정을 근본적 질문
  - 창업목표 설정: 내가 도달할 곳은 어디인가? 난 어떤 기업을 세우고자 하는가? 어떤 위험과 희생이 필요한가? 위험과 희생을 감수할 수 있을까?
  - 창업전략 수립: 어떻게 목표에 도달할 것인가? 전략이 명확한가? 이익을 창출할 수 있을까? 성장을 이어나갈 수 있을까? 장기적으로 지속 가능한가?
  - 창업전략 실행: 내가 할 수 있는 수준일까? 필요한 기술과 네트워크를 보유했을까? 조직의 역량은 강한가? 변화하는 환경을 잘 이해하고 대처하는가?

---

1. 스포츠 시설업

앞서 언급한 '제3차 스포츠 산업 중장기 발전계획 (2019~2023)'이란 정부정책을 살펴보면서 방향을 찾아보자. 물론 본격적으로 나무에 다가가기 전에 숲을 보는 단계이므로 구체적인 아이템을 도출하기에는 이를 수 있다. 다시 말해 정부정책과 과제, 제도 개선, 새로운 이슈 등을 파악하는 것은 사회를 지탱하는 큰 그림을 이해하는 데 도움이 될 수 있는 것이므로, 특정 아이템을 도출하는 일에 매몰되어서는 안 된다. 즉, 숲을 보지 않고 바로 나뭇가지를 잡지 말자. 또한 다시 강조하지만 체육·스포츠 분야의 정책을 집행하는 당국(문화체육관광부)의 자료를 항상 가까이 해야 한다.

스포츠 시설업은 스포츠 시설 운영업과 스포츠 시설 건설업으로 구분한다. 후자는 스포츠 시설의 조경과 토목에 관한 영역이고, 보통 일반 건설회사의 사업 분야이므로 제외하자. 그렇다면 스포츠 시설 운영업에서 어떤 아이템이 있을까?

정부는 고부가가치를 창출할 수 있는 핵심 분야를 도출했다. 예를 들어 가상·증강현실, 3D 프린팅, 사물인터넷, 빅데이터 등 4차 산업혁명기술과의 접목을 예의주시하고 있다. 대표적으로 가상스포츠 체험시설을 초등학교 내 설치를 추진하고 있다. 미세먼지로 인해 야외 체육활동이 줄어들 수 있는 환경을 극복하기 위함이다. 이후 시·도별로 배치된 국민체육센터 등 공공체육시설에도 이 기술을 접목할 것이다. 또한 장애인형 국민체육센터(반다비 체육관), 노인을 위한 수요자 맞춤형 가상스포츠의 기술도 개발하겠다고 했다.

2017년 매출 1조 2백억 원을 돌파한 스크린 골프는 매우 성공적인 사례이다. 이후 스크린 스포츠 사업은 지속적으로 확대되고 있다. 스크린 승마, 스크린 야구 등이다. 국내 스포츠 산업 분류에서 참여 스포츠 시설 운영업에 속해 있는 골프연습장 운영업은 도심지 안에 흔히 볼 수 있는 대규모 그물에 둘러싸인 시설물이다. 이 분야가 건물 안으로 들어온 개념이 스크린 골프이듯이, 야외 스포츠 시설에서 수요가 있는 종목의 스크린 스포츠는 앞으로 확장될 것이다. 가상체험 스포츠 시장은 IT 기술과 제조업이 강한 우리나라에서 자생적으로 진화할 가능성이 크다.

가상현실(VR) 스포츠 보급에도 정부지원이 미칠 것이다. 대규모 부지에 시설을 짓고 참여 스포츠 시설업의 개념이 바뀌게 된다. 특히 재미와 건강을 접목시킬 수 있는 VR 스포츠는 국민 건강 증진정책에 힘입어 속도를 낼 수 있다. 프로스포츠 관람과 같은 스포츠 서비스업 분야와의 융·복합적 영역이 될 것이다.

실내체육관 다용도 활용 멀티 빔(Multi-Beam)

• 고가의 바닥 LED 체육관 해외 시설을 차용한 멀티 빔 시스템
• 천정, 벽면에 레이저 빔 송출 시스템을 통해 라인을 그려 넣는 방식
• 선수 혹은 동호인이 운동을 할 때 눈이 부시지 않는 기술적 보완장치 개발이 관건
• 사업구조

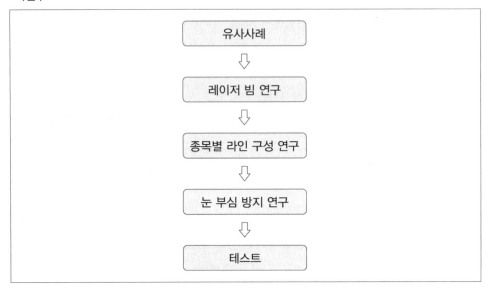

유사사례
⇩
레이저 빔 연구
⇩
종목별 라인 구성 연구
⇩
눈 부심 방지 연구
⇩
테스트

Start-Up Tip!

• 자신은 스포츠 시설업 분야의 변화와 정부정책을 이해하는가.
• 전통적 시장의 스포츠 시설업종이란 자산을 활용할 수 있어야 한다.

2. 스포츠 용품업

이미 독일의 '아디다스'는 2015년 말, 안스바흐(Ansbach) 근처에 있는 일명 스피드 팩토리(Speed Factory)에서 3D 프린팅 기술을 활용해 운동화를 양산했다. 로봇이 사람을 대신하기 때문에 제조와 유통비용을 감소시키며 생산지가 곧 소비지가 될 수 있는 가능성

을 열었다. 2019년 하반기, 아디다스는 이 양산 시스템을 철수한다고 발표했다. 향후 예의주시해야겠지만 투자대비 손실의 폭이 컸음을 의미한다. 즉, 저렴한 노동시장을 찾아 중국, 베트남 등의 대규모 공장부지와 인력을 확보할 필요가 낮아진 환경을 극복하기에는 시간이 걸릴 전망이다. 하여튼 기존 시장과 신기술이 만났을 때 기술개발에 초점을 두면서 접근했으나, 기존 기술을 당분간 이어가는 전략적 선택을 했다.

스포츠 웨어러블 디바이스 시장은 2014년 35억 달러(약 3조 8,500억 원)에서 2021년 149억 달러(약 16조 3,900억 원)로 확대할 것으로 내다봤다. 국내 스포츠 용품업은 다른 분야에 비해 가장 규모가 크다. 전통적 방식의 제조와 유통이 이루어지는 현장이므로 영세한 업체가 많다. 하지만 그 하드웨어와 노하우의 자산은 한 순간에 사라지지 않을 것이다. 시대의 흐름과 기술 발전에 따라 진화할 것이다. 물론 시장(market)의 변화를 잘 간파하고 과감한 혁신을 통해 성공할 업체는 몇 안 될 가능성도 있다.

정부 역시 이 사실을 잘 알고 있다. 스포츠 의류, 신발 등의 제조업 분야에 3D 프린팅, 사물인터넷(IoT) 기술이 적용된 스마트 스포츠 용품업을 지원하고자 한다. 전통적 시장에서 스포츠 용품 생산이란 몇 가지로 분할된 사이즈에 따른 기성품이었다면, 스마트 용품은 맞춤형 생산이 가능하다. 예를 들면 보행습관을 분석하고 신발을 만들 수 있다. 또한 운동생리학과 역학적 가치를 고려해 심박수와 골격근의 움직임을 분석해 맞춤형 의류를 생산할 수 있다. 소비여력이 있는 시장에서는 고가의 제품과 서비스라 할지라도 기능성·맞춤형 스포츠 용품의 성장 가능성이 높다.

'솔티드벤처'는 골프 스윙을 할 때 무게중심의 이동을 측정해 자세를 교정해주는 골프화를 출시해서 호평을 받았다. 이는 라켓을 활용해야 하는 스포츠 종목에 유용한 아이디어를 제공한다. 배드민턴, 테니스, 야구 등 몸의 자세와 손의 그립(grip)을 교정하고 재미를 부가할 수 있다. 사회 전반에 걸쳐 평균 연령대가 많아지면서 새로운 시장은 항상 열려 있다.

다목적 기능의 스마트 마린보이 이어폰

• 수영을 배우거나 즐기는 소비자에게 필요한 귀마개 기능의 다각화
• 방수 귀마개 기능에 블루투스 기능을 탑재하여 음악, 라디오, 전화 통화도 가능
• 귀 질환 방지, 재미 부여, 애플리케이션과 연동하여 운동량, 심박수, 칼로리 소모량, 거리 등 제공
• 사업구조

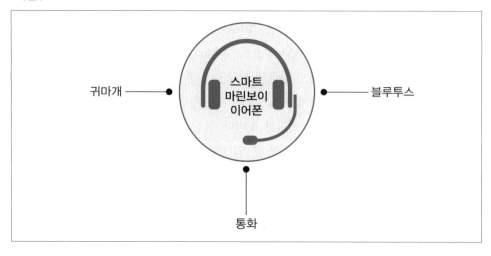

• 자신은 스포츠 용품업 분야의 변화와 정부정책을 이해하는가.
• 전통적 시장의 스포츠 용품업종이란 자산을 활용할 수 있어야 한다.

3. 스포츠 서비스업

　　정부는 스포츠 산업 분야의 균형적인 발전을 위해 전략을 짜고 있다. 특히 용품업에 집중된 현상을 스포츠 서비스업 분야의 확대로 기대하고 있다. 이를 위해 스포츠 펀드 결성액을 2015년 215억 원에서 2018년 1,015억 원 규모로 키웠다. 또한 창업지원 예산도 2014년 9억 원에 불과했지만 2018년에는 36억 원 규모로 확대했고, 스포츠 산업 융자 예산도 2018년 420억 원 규모가 됐다. 9장의 스포츠 창업지원제도에서 자세히 다룰 것이다.

스포츠 경기 서비스업은 대표적인 스포츠 서비스업이다. 국내 4대 프로스포츠 리그는 야구, 축구, 농구, 배구이다. 연간 누적 관람객 수가 1,100만 명을 넘어섰다. 사람들이 티켓을 사는 과정을 곰곰이 생각해보면 매우 다양한 경로를 거친다. 온·오프라인을 망라해 이뤄진다. 파생적 서비스도 다양하다. 경기결과를 예측하는 것에서부터 회원권을 대행 판매하기도 한다. 이와 같이 연중 티켓팅을 하는 소비자가 많다는 것은 특정한 시장(market)에서 파생상품을 포함하여 구매여력이 있는 집단이 있다는 것이다.

▣ **국내 4대 프로스포츠 입장객**   (단위 : 명)

구분	2014년	2015년	2016년	2017년
프로야구	6,754,619	7,622,494	8,339,557	8,400,688
프로축구	1,858,333	1,760,243	1,622,494	1,486,519
프로농구(남, 여)	1,500,449	1,318,518	1,190,512	1,050,594
프로배구(남, 여)	446,402	524,663	534,986	555,283
계	10,559,809	11,225,918	11,859,930	11,493,084

출처: 문체부(2018). 2017 스포츠 산업백서.

정부는 스마트 관람 플랫폼 구축을 지원하겠다고 했다. 프로스포츠 경기장 내에서 관람의 재미와 편의를 높이기 위함이다. 예를 들어 모바일 애플리케이션을 통해 경기장 내 시설(주차장, 화장실, 주차장, 편의시설 등)과 서비스를 관람 전에 이용할 수 있다. 경기를 관람하는 중에는 모바일 애플리케이션을 통해 실시간 선수 정보를 제공하고, 지정석에 미리 주문한 음식이 배달될 수 있다. 관람 후에는 구단 정보와 다음 경기 정보를 제공하면서 지속적으로 고객을 유인하기 위한 서비스를 강화하게 된다.

스포츠 중계 기술은 미디어를 필두로 발전했다. '하는 스포츠'에서 '보는 스포츠'로의 전환은 미디어를 통해 가능했다. 앞으로 가상현실(VR), 증강현실(AR), 360도 카메라 다시점 중계 등 다양하게 발전할 것으로 기대하고 있다.

많은 스포츠 소비자가 행동하는 패턴을 읽기 시작했다. 스포츠 정보 서비스업에 속하는 인쇄매체(신문, 잡지), 방송매체(TV, 라디오), 인터넷 매체와 같은 미디어업도 있지만, 스포츠 정보(데이터)를 수집·분석하는 업종도 있다. 정부도 전문·생활체육 등과 관련한 집적화된 데이터 플랫폼을 구축하여 정보를 수집, 저장·분석, 활용하겠다는 의지를 보였다.

　　이렇게 구축된 시스템을 통해 수집된 정보는 스마트 헬스케어에 적용될 수 있다. 정부차원에서는 국가대표 경기력을 향상시키는데 유용할 것이고, 민간에서는 동호인과 일반인에게 건강을 관리해 줄 수 있는 새로운 서비스업이 도래할 것이다.

　　정부는 세계 피트니스 애플리케이션 시장 규모를 연평균 23% 성장하여 2023년까지 20억 달러 규모로 확대될 것으로 내다봤다. 오프라인 피트니스 센터에 가서 운동을 하는 서비스 외에도 미디어, 의료 등과 연관한 개인 건강 플랫폼이 연동될 것으로 기대한다. 스포츠 산업의 특성에서 재미와 오락성이 중요하다고 했다. 2016년 개장한 '스포츠 테마파크'는 약 100만 명 이상의 누적 방문객을 달성했고, 프랜차이즈 사업으로도 성공했다.

아이템 공감!　　스포츠 빅데이터 연결혁신 대중화 플랫폼

- 한국 프로스포츠 활성화를 위한 대중화 플랫폼 개발
- 프로스포츠 실시간 이슈를 통해 커뮤니케이션하고, 문자중계 서비스가 가능한 애플리케이션
- 대중이 만들어가는 무료 오픈소스 프로스포츠 백과사전처럼 집단지성을 활용
- 전문 기록실(스포츠 통계지표)의 고급정보, 대중 기록실(일반대중 참여)로 재미정보를 제공
- 사업구조

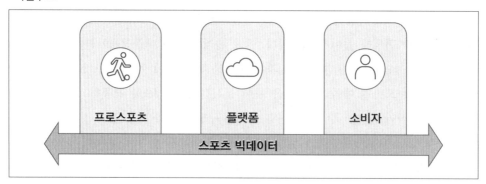

Start-Up Tip!

- 자신은 스포츠 서비스업 분야의 변화와 정부정책을 이해하는가.
- 전통적 시장의 스포츠 서비스업종이란 자산을 활용할 수 있어야 한다.

제**3**장

스포츠 기업

스포츠 기업의 의미와 의의

1. 스포츠 기업의 개념

스포츠 조직(sports organization)은 어떤 종류가 있을까? 우선 국제올림픽위원회(IOC), 국제축구연맹(FIFA)과 같은 국제적인 조직을 떠올릴 수 있다. 국내의 예로 들어보면 한국 야구위원회(KBO), 한국프로축구연맹(KPFL), 한국농구연맹(KBL), 한국배구연맹(KOVO)과 같은 프로스포츠 리그를 관장하는 조직이 있다. 아마추어 종목의 각종 체육 가맹단체와 상위 기관인 대한체육회, 경륜·경정·체육진흥투표권 사업을 통해 기금을 조성하고 지원하는 국민체육진흥공단, 경마를 시행하는 마사회 등도 스포츠 조직의 형태를 띤다. 스포츠를 매개로 한 설립취지를 바탕으로 선수, 심판, 경주와 관련한 매뉴얼, 장비, 시설 등의 요인이 있기 때문이다.

스포츠 기업은 어떠한가? 앞서 설명한 공적 영역이 아니라 민간 스포츠 조직이다. 스포츠 산업 분류에서 제시된 스포츠 시설업, 스포츠 용품업, 스포츠 서비스업 계통의 조직이다. 이 조직은 스포츠를 매개로 각종 이윤을 추구하게 된다. 각 민간 조직만의 제품과 서비스를 활용하여 기업 활동을 통해 이윤을 창출한다. 다시 말해 종목별 연맹과 협회는 비영리단체이므로 스포츠 기업에 해당되지 않는다.

스포츠 기업은 스포츠와 직·간접적으로 연계된 사업을 수행한다. 스포츠 용품업과 같은 전통적인 사업에서 새로운 기술과 접목될 수 있는 분야로 확장될 수 있다. 예를 들면 스포츠란 콘텐츠와 정보통신기술(ICT)의 융·복합 스포츠 게임사업이 있다. 국내 스포츠 산업 분류에서는 스포츠 서비스 중에 기타 스포츠 서비스업으로 묶었지만, 향후 시장이 커지고 재화와 서비스를 통해 부가가치가 압도적으로 높아진다면 별도의 중분류 수준으로 묶일 수도 있다.

스포츠 조직은 단체와 기업 등의 일반조직과 유사하다. 눈에 보이지만 기량과 카리스마 등으로 이미지가 덧입혀진 유·무형 상품인 선수란 콘텐츠가 있고, 경기란 형태의 생산과 소비가 동시에 이루어지는 서비스가 있다. 그래서 스포츠 조직만의 특수성이 있다.

즉, 스포츠 조직은 스포츠 산업과의 관련성이 있다. 2장에서 언급한 것처럼 공간·입지 중시형, 복합적인 산업구조, 시간 소비형, 오락성, 감동·건강 지향성 등과 밀접한 특성을 가진다. 또한 사회적 단체로서 존재한다. 비영리단체인 체육단체이든, 영리단체인 기업이든 조직 내의 미션, 비전, 가치를 공유하고 업무를 수행한다.

스포츠 조직은 목표 지향적이다. 한국야구위원회(KBO), 한국프로축구연맹(KPFL), 한국농구연맹(KBL), 한국배구연맹(KOVO), 종목별 구단과 같은 스포츠 기업은 '스포츠의 마케팅(marketing of sports)'의 주체이다. 즉, 스포츠 자체를 흥행시켜야 목표를 달성하기 때문에 관객을 어떻게 하면 유도할 수 있을까를 고민한다. 일반 기업은 '스포츠를 통한 마케팅(marketing through sports)'의 주체로서 활동할 수 있다. 즉 선수, 단체, 팀, 이벤트 등의 협찬을 통해 자사의 이익을 창출하기 위한 노력을 할 수 있다.

스포츠 조직은 구조적인 활동체계를 통해 목표 달성을 위한 활동을 한다. 제품개발, 마케팅, 재무관리, 인적자원관리, 물적자원관리 등 세분화된 영역의 활동으로 묶여 있다. 이를 위해 경영자(관리자)는 의도적으로 의사결정에 따라 조직을 경영 혹은 관리하는 것이다.

2. 스포츠 기업의 의의

국내 스포츠 관련 업체는 대략 10만 개 정도로 추산된다. 영리를 얻기 위해 재화와 용역을 생산하고 판매하는 조직체로서 스포츠 콘텐츠를 통해 발전할 수 있는 기업은 우리 사회에 어떤 의의를 갖게 될까?

우선 '스포츠 산업 강국'을 지향하는 국가의 성장을 촉진시키는 역할을 수행하게 된다. '스포츠 강국'에 초점을 두었을 때는 정부정책의 일방향을 수용할 수밖에 없었다. 오로지 선수의 우수한 성적을 내기 위한 정책적 과제를 수행해야 했기에 스포츠가 산업적으로 발전하지 못한 측면이 있었다. 앞으로 국가 산업의 한 축으로 성장할 수 있는 역할을 기대하고 있다.

스포츠는 건강과 재미가 직결된 영역이다. 의료기술, 과학기술이 발전하면서 스포츠와 접목될 수 있는 가능성이 커졌다. 2012년 나이키의 퓨얼밴드란 상품은 시작에 불과하다. 창의적인 아이디어를 통해 새로운 차원의 제품과 서비스를 기대할 수 있을 것이다. 아이디어에서 그치지 않고 실행 가능성을 높여줄 수 있는 정부의 체계적인 지원제도가 매우 중요해졌다. 국내 창업지원제도에 대해서는 9장에서 자세히 다루고자 한다.

새로운 일자리 창출에도 사회에 기여할 수 있다. 최근 스포츠 에이전트 직무를 활성화하여 선수의 권익보호를 위해 제도적 근거(스포츠산업 진흥법)를 마련하였다. 국내 프로

스포츠 리그 중에서 이미 허용한 프로축구 외에도 국내에서 가장 큰 시장인 프로야구도 2018년부터 에이전트 제도를 시행하게 됐다.

개인이 모이면 조직이 된다. 물론 달성해야 할 목표가 있고 체계적인 시스템을 갖추어야 한다. 스포츠 에이전시 구성원이 5명이라고 가정하자. 1명이 선수 5명을 책임지고 있다면 회사 소속 선수는 25명에 달한다. 국내 프로스포츠 소속 선수는 62개 구단에서 총 1,664명(2016년 기준)이고, 국내 프로골프에 등록한 선수 규모(2015년 기준)는 총 8,176명(KPGA 6,000/ KLPGA 2,176)에 달한다(한국스포츠정책과학원, 2016). 아마추어 종목까지 확장해보면 보다 시장은 넓어진다. 문화체육관광부(2018)에 따르면 2017년에 등록한 선수는 총 135,531명(초등학교 26,23/중학교 29,169/고등학교 25,890/대학교 14,090/일반 40,129)이다.

이와 같이 스포츠 에이전트는 다른 업종에서 찾아보기 힘든 선수란 상품을 활용해 창의적인 일자리를 창출한 경우라 할 수 있다. 선수자체도 상품이지만 선수를 통한 파생상품을 기대할 수 있다. 선수가 사인한 볼은 그 자체로서 가치를 지닌다. 누군가는 가치가 지속적으로 올라갈 것으로 기대하며 새로운 사업 영역을 구상하고 있는 것이다.

아이템 공감!   스포츠 용품 리셀(resell) 마스터

• 라이선싱 사업처럼 라이선서(licensor)로부터 승인을 받을 필요 없이 용품구매를 하고, 다시 판매하는 과정을 통해 이윤을 창출
• 희귀한 스포츠 용품을 선별하여 리셀 시장 공략
• 사업구조

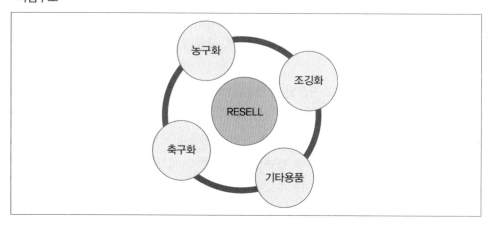

- 자신은 스포츠 기업을 통해 의의를 찾고자 하는가.
- 자신은 스포츠 기업에 대해 자신만의 의미를 부여하고자 하는가.

3. 일반 기업과 스포츠 기업

스포츠 조직은 구성원과 비구성원 간의 경계가 분명하다. 이 의미는 오늘의 우리 팀의 선수나 코치가 내일의 다른 팀의 멤버가 될 수 있다는 뜻이다. 이렇듯 스포츠 서비스업 분야는 스포츠 시설업과 용품업 분야와 달리 고정돼 있는 경계가 아닌 유연하게 바뀔 수 있는 조직 문화를 상대적으로 갖고 있다고 봐야 한다. 스포츠 에이전트는 각 개인이 확보하고 관리하는 선수가 있다. 이러한 특수 관계에 따라 스포츠 기업은 구성원과 비구성원이란 경계가 명확히 구분될 수 있다. 오랜 기간 동안 맺어 온 신뢰에 따라 개인과 선수는 다른 기업으로 얼마든지 이동할 수 있기 때문이다.

이러한 스포츠 조직의 특성을 이해하고 일반 기업과 비교를 해보자. 일단 공통점은 이윤창출을 위해 경영활동을 한다. 더불어 동일한 법령에 따라 기업을 설립하고 운영하게 된다. 즉, 총 6편(총칙, 상행위편, 회사편, 보험편, 해상운송편, 항공운송편)으로 구성돼 있는 상법에서 제3편인 회사편을 준용하게 된다.

▣ 상법의 구성 체계

상법의 구성 체계	내용
총칙 및 상행위편	거래 등 상행위의 종류와 상인의 기본적인 권리와 의무를 규정
회사편	회사의 설립, 의사결정, 해산 및 청산에 관한 사항을 규정
보험편	보험계약과 관련된 권리 및 의무, 보상에 관한 사항을 규정
해상 및 항공운수편	해상, 항공운송과 관련된 권리 및 의무, 보상에 관한 사항을 규정

출처: 문체부(2014). 스포츠 산업 창업지원센터 교재(스포츠 기업).

차이점을 어떻게 분류할 수 있을까? 우선 스포츠 기업의 의의에서도 언급했듯이 창의적인 일자리 구조를 갖는다. 예를 들어 사회과학 분야인 경영학, 자연과학 분야인 공학 전공자가 필요로 하는 기업이 있을 것이다. 인력 채용 수요가 확실한 만큼 범위가 한정되기도 한다. 하지만 스포츠 기업의 인력은 반드시 체육 혹은 스포츠 전공자를 요구하지 않는다. 전공을 불문하고 인력을 운용할 수 있다.

스포츠 분야의 국가자격증은 크게 두 가지로 분류할 수 있다. 고용노동부 산하기관인 한국산업인력공단에서 주관하는 '스포츠경영관리사(sport business manager)'와 문화체육관광부 산하기관인 국민체육진흥공단에서 주관하는 '스포츠지도사(sport instructor)'가 있다. 응시자격이 18세 이상이면 누구든 체육·스포츠 분야의 국가자격증을 취득할 수 있다. 다시 말해 전공과 상관없다.

스포츠 기업은 일반 기업과 달리 스포츠란 특수한 분야에서 재화와 서비스를 공급하게 된다. 스포츠산업 진흥법에 "스포츠와 관련된 재화와 서비스를 통하여 부가가치를 창출하는 산업"으로 명시됐듯이 말이다.

그렇다면 스포츠란 특수한 분야에는 어떤 구성요소가 있을까? 기본적으로 '스포츠의 마케팅(marketing of sports)' 주체인 스포츠 단체가 있다. 상위 기관부터 살펴보면 우선 국가가 있다. 즉, 체육·스포츠 분야를 총괄하는 문화체육관광부가 있다. 스포츠 자체를 두고 국가 성장 동력을 삼고자 하는 관료조직이다. 또한 특별시, 특별자치도, 광역·기초자치단체 조직의 한 축을 담당하는 체육·스포츠 부서이다.

또한 대한체육회, 국민체육진흥공단, 세계태권도 연맹, 종목별 가맹단체 등 체육·스포츠 행정기관이 있다. 프로스포츠 리그를 주관하는 단체, 프로구단 등 스포츠 분야의 이해관계자이다. 이 외에도 일반 기업과 같이 금융기관, 사업관계자(생산자, 유통자)와 소비자와 연관돼 있다. 스포츠 기업이 일반 기업보다 가장 다른 이해관계자는 선수와 지도자일 것이다. 스포츠 분야의 특수성이라 할 수 있다.

'스포츠를 통한 마케팅(marketing through sports)' 주체인 일반 기업도 스포츠의 특수한 분야에 속한다. 스포츠란 콘텐츠를 활용해 기업과 상품 이미지를 높이고 궁극적으로 이윤을 창출하고자 한다. 스포츠 기업은 이 조직과도 스포츠 이해관계자로서 존재할 수 있다.

이와 같이 스포츠 기업의 외부에 존재하는 환경은 4장 시장환경분석에서 구체적으로 다룰 것이다. 또한 일반 기업에 비해 특별법이 적용받는다는 것도 큰 차이이다. 즉, 2007년에 제정됐고 2016년에 전면 개정된 '스포츠산업 진흥법'을 통해 스포츠 기업이 성장할 수 있는 법적 토대를 마련했다. 관련 법령은 8장에서 자세히 다루고자 한다.

Start-Up Tip!

• 자신은 '스포츠의 마케팅'과 '스포츠를 통한 마케팅' 주체에 대해 이해하는가.
• 자신은 본격적으로 계획수립에 앞서 큰 그림을 그리고 있는가.

제2절 스포츠 기업의 종류

1. 스포츠 시설관련 기업

스포츠 기업의 종류를 분류해보자. 국내 스포츠 산업 특수분류 3.0에 따른 기준을 토대로 스포츠 시설업, 스포츠 용품업, 스포츠 서비스업의 대분류에 따라 살펴볼 것이다. 이는 2장에서 Start-Up Tip을 통해 스스로 질문을 던졌던 스포츠 산업 내에서 어느 지점에서 활동할지를 살펴볼 수 있기 때문이다.

덧붙여 관련 기업 소개와 홈페이지를 제시하겠다. 직접 관련 사이트와 활동 내용의 검색을 통해 살펴보면 스포츠 기업마다 제시한 창업의 미션, 비전을 비롯해 사회적 활동의 가치를 알 수 있다. 창업사례를 유심히 살펴보는 것도 큰 그림을 그리는데 유용하다.

스포츠 시설 운영 기업은 소규모 창업의 대표적 분야이다. 스포츠 시설은 8장 스포츠 창업관련 법령에서 자세히 다룰 「체육시설의 설치·이용에 관한 법률」에 따라 공공체육시설과 민간체육시설(법령에는 '영리목적으로 하는 체육시설업'으로 명시)로 구분한다.

공공체육시설은 다시 전문체육시설, 생활체육시설, 직장체육시설로 구분한다. 법에 따르면 지자체가 관리하는 공공체육시설은 개인이나 단체에게 위탁 운영할 수 있다. 생활체육시설의 설치기준에 따라 체육관, 수영장, 볼링장, 체력단련장, 테니스장, 에어로빅장,

탁구장, 골프연습장, 게이트볼장, 롤러스케이트장 등의 실내·외 체육시설 중 지역주민의 선호도와 입지 여건 등을 고려하여 설치하고 있다.

민간체육시설은 등록체육시설과 신고체육시설로 구분한다. 규모가 매우 큰 등록체육시설업은 골프장업, 스키장업, 자동차경주장업으로 3종이다. 이 분야는 법인 기업차원에서 접근해야 할 영역이라 개인 기업 창업 측면에 적합한 분야는 신고체육시설 업종이 있다. 2018년 일부개정을 통해 야구장업과 가상체험 체육시설업을 추가하여 16종으로 확대됐다. 이와 같이 시대 트렌드와 기술발달에 따라 새로운 신고체육시설업이 추가될 수 있다. 대표적으로 가상체험 체육시설업은 기존의 스포츠 시설과 장비와는 다른 아이템으로 부가가치를 창출하는 업종이다.

신고체육시설업(16종)	요트장업, 조정장업, 카누장업, 빙상장업, 승마장업, 종합 체육시설업, 수영장업, 체육도장업, 골프 연습장업, 체력단련장업, 당구장업, 썰매장업, 무도학원업, 무도장업, 야구장업, 가상체험 체육시설업

소규모 창업이 가능한 스포츠 시설업의 대표 분야는 체육도장업, 체력단련장업, 당구장업, 무도학원업 등이다. 종합 체육시설업이란 실내수영장을 포함한 2개 종류 이상의 체육시설을 같은 사람이 한 장소에 설치하여 운영하는 단위이므로 상대적으로 규모가 크다. 특히 동네마다 상가건물에 위치한 체력단련 시설은 피트니스 센터로서 건강을 중시하는 현대인 수요에 따라 우후죽순 늘었다. 수요는 줄어들지 않겠지만 성공여부는 서비스 품질에서 결정될 것이다. 실력 있고 서비스 개념을 이해하는 체육 지도자의 배치도 중요한 영역이다. 소비자가 서비스에 대해 어떻게 이해하고 있고, 서비스 품질이 왜 중요한지를 7장에서 다룰 것이다.

일부개정에 포함된 업종은 야구장업과 가상체험 체육시설업이다. 특히 가상체험 체육시설업을 포함시키는 것은 정부의 '제3차 스포츠 산업 중장기 발전계획(2019~2023)'과도 맞닿아 있다. IT 기술과의 융·복합을 통해 작은 공간에서 스포츠가 지닌 체험과 재미를 선사할 수 있게 됐다.

(주)위피크 http://wepeak.co.kr
• 생활 스포츠 플랫폼이란 개념을 내세워 다양한 신체활동의 프로그램을 기획하는 스포츠 네트워크 기업임
• 대표적으로 스포츠 엔터테인먼트 테마파크를 기획하고 운영하여 '스포츠 몬스터'란 브랜드를 내세움
• 스포츠 시설은 궁극적으로 야외보다 실내란 의미가 강해 미세먼지 등 야외활동이 제한돼 있는 환경의 부정적 인식을 긍정적으로 전환할 수 있는 요인이 많음
• 즉, 기획·설계된 공간 안에 색다른 서비스로 차별화를 부각함으로써 체험과 재미를 부여함
• 기본적으로 스포츠 시설 운영업과 관련돼 있지만, 스포츠 서비스업인 스포츠 교육기관의 커리큘럼을 제시함

2. 스포츠 용품 관련 기업

스포츠 용품 기업은 스포츠 제조 판매하는 업종과 유통 및 임대를 하는 업종이 있다. 스포츠 분야의 제조업은 운동용품, 의류, 신발, 가방이 대표적이다. 해외의 글로벌 브랜드는 나이키(Nike), 아디다스(Adidas), 언더아머(Under Armour) 등을 떠올릴 수 있고, 국내는 프로스펙스(Prospecs)와 트렉스타(Treksta) 등이 있다. 제조원가를 낮춰 기능성을 살린 중국 제품도 빠른 속도로 성장하고 있다.

잘 나가는 세계적 브랜드는 제조 판매하는 것에 그치지 않고, IT 기술과 접목해 일상 용품화를 하기 위한 노력을 한다. 즉, 발을 보호하고 걷거나 뛰기 위해서만 존재하는 제품이 아닌 스마트폰처럼 생활 속에 없어서는 안 될 제품으로 거듭나고 있다. 아무도 생각하지 못했던 서비스를 가미하는 것이다. 소비자에게 잘 인식돼 온 브랜드로만 승부를 거는 것이 아니라 혁신적 제품이 탄생될 수 있도록 최첨단 기술이 새로운 서비스로 등장했다.

2017년 세계 최대 소비자 가전 전시회인 CES(Consumer Electronics Show)에서 기조 연설을 한 스포츠 브랜드 회사인 언더아머의 설립자 케빈 플랭크(Kevin Plank)가 자신들의 경쟁상대는 나이키, 아디다스가 아니라 삼성전자, 애플이라고 했던 것이 좋은 예이다. 디지털 회사로의 진화과정이 꼭 필요함을 설명했던 것이다. CES 50주년을 맞이했던 그 해의 키워드가 '접근성(Accessibility)'이었다. 소규모 창업과는 거리가 먼 것으로 생각할 수도

있지만, 제품의 진화를 이해해야 소비자의 욕구를 따라가는데 도움이 될 수 있다. 또한 언더아머의 혁신 마인드가 다소 주춤한 지점이란 평가가 있어 앞으로 행보를 예의주시 할 필요도 있다.

이 기업들의 특징은 멋진 슬로건으로 소비자를 자극한다. 세계 최강의 나이키는 'Just do it'(그냥 하기나 해)을 1980년대 후반부터 사용하기 시작했다. 막강한 아디다스는 'Impossible is nothing(불가능은 없다)', 후발주자인 언더아머는 'I will what I want(내가 원하는 것은 하고 말거야)'이다. 어쩌면 이를 모두 포함하는 슬로건은 초창기 올림픽의 Citius(보다 빠르게), Altius(보다 높게), Fortius(보다 강하게)이다. 스포츠 기업의 슬로건은 시장에 내놓을 제품과 서비스의 가치를 대변할 수 있다. 이를 통해 소비자에게 기업이 추구하는 가치에 대한 인식을 안착시키기 위한 노력이 필요하다. 7장에서 스포츠 소비자를 분류하고 특성을 살펴볼 것이다.

운동용품과 장비 제조기업으로 배드민턴의 요넥스(Yonex), 탁구의 챔피언(Champion), 골프의 볼빅(Volvik), 전문장비를 다루는 삼익스포츠(Samick), 체력단련시설에 필요한 각종 장비를 생산하고 공급하는 짐80(Gym80) 등이 있다.

필립 코틀러 등이 얘기한 마켓 4.0이란 온라인과 오프라인의 통합 시장을 의미한다. 즉, 과거처럼 온라인 마진이 높은 방식이 아닌 오프라인과 온라인의 가격과 서비스 품질을 동일하게 해야 한다. 이를 의미하는 국내 모기업의 대형 소매점에서도 옴니채널(Omni channel) 마케팅이 이미 등장했다. 다시 말해 오프라인 매장은 거대한 홈페이지를 방문하는 것과 같아야 함을 의미한다. 4.0 시장의 소비자는 기업 간의 미세한 차이를 금방 인식하고, 행동에 옮긴다. 기업의 투명성과 진정성을 인식하고 소셜 미디어를 통해 순식간에 공감·공유하게 된다.

여기서 잠깐!   스포츠 용품 관련 기업을 찾아라!

1. (주)스타스포츠 https://starsports.co.kr
   - 올림픽, 아시아경기대회, 세계선수권대회 등 국내외 연맹협회의 공인 체육용품을 생산함
   - 대규모 공장을 중국에 설립해 세계 유통시장을 확보하기 위한 노력을 함
   - 용도별로 기준에 맞게 다양한 용품을 생산함(특히 피구, 넷볼, 킥볼, 티볼, 플로어볼, 탱탱볼 등 뉴스포츠(new sports) 수요를 예측해 생산기술을 선점함

2. (주)코리아스포츠 http://korspo.com
- 국내 피트니스 용품 시장이 형성될 때부터 유통 영역에 초점을 맞춤
- 국내 브랜드 프로스펙스 피트니스 용품의 총판업체로 성장함
- 용품 사업에 국한되지 않고 자체 브랜드를 론칭함(iWANNA, +WITH 등)
- 창업의 토대인 기술과 네트워크를 보유하게 되면서 다양한 사업 영역으로 확장할 수 있게 됨

---

3. 스포츠 서비스 관련 기업

스포츠 서비스업에서 대표적인 분야로 스포츠 경기업이 있다. 즉, 프로스포츠 구단이 있다. 국내 4대 프로스포츠는 야구, 축구, 농구, 배구이다. 구단은 우수한 선수와 감독을 영입하여 좋은 성적을 통해 구단 가치를 높이려고 한다. 즉, 좋은 상품을 확보하여 더 좋은 상품을 만들어 몸값을 올린다.

여기서 잠깐!   국내 프로스포츠 연맹을 이해하자!

1. 한국야구위원회
- 1981년 말에 창립돼 야구를 통한 프로스포츠 발전에 기여하는 것을 목적으로 1982년에 프로야구 리그가 6개 구단으로 출범
- KBO 리그(1군), 퓨처스 리그(2군) 총괄
- (주)KBOP를 통해 KBO 리그 스폰서십, 라이선싱, 중계권 사업 위탁
- 1군 총 10개 구단의 KBO 리그 운영(대도시 중심)

리그	팀명 및 1군팀 연고지(2019년 기준)				
KBO 리그	두산 베어즈	키움 히어로즈	SK 와이번스	LG 트윈스	NC 다이노스
	서울특별시	서울특별시	인천광역시	서울특별시	창원시
	kt 위즈	KIA 타이거즈	삼성 라이온스	한화 이글스	롯데 자이언츠
	수원시	광주광역시	대구광역시	대전광역시	부산광역시

• 2군 총 12개 구단의 퓨처스 리그 운영(중소도시 중심 – 북부 리그 6개, 남부 리그 6개)

리그	팀명 및 2군팀 연고지(2019년 기준)					
북부 (6)	경찰청	SK 와이번스	고양 히어로즈	NC 다이노스	LG 트윈스	두산 베어스
	고양시	강화군	고양시	마산시	구리시	이천시
남부 (6)	kt 위즈	상무	기아 타이거즈	한화 이글스	삼성 라이온스	롯데 자이언츠
	익산시	문경시	함평군	서산시	경산시	김해시

2. 한국프로축구연맹
• 1983년 한국 최초 프로축구 리그가 5개팀으로 출범, 프로리그 관장 기구인 슈퍼리그 위원회가 대한축구협회에 통합된 후, 1994년에 한국프로축구연맹으로 독립적 기구 창립
• K League 1, K League 2 총괄
• 1군 총 12개의 K League 1 운영

리그	팀명 및 1군팀 연고지(2019년 기준)					
K 리그 1	울산현대 축구단	전북현대 모터스	FC 서울	대구 FC	강원 FC	포항 스틸러스
	울산광역시	전라북도	서울특별시	대구광역시	강원도	포항시
	상주 상무 프로축구단	수원삼성 블루윙즈	성남 FC	인천 유나이티드	경남 FC	제주 유나이티드
	상주시	수원시	성남시	인천광역시	경상남도	제주 특별자치도

• 2군 총 10개의 K League 2 운영

리그	팀명 및 2군팀 연고지(2019년 기준)				
K 리그 2	광주 FC	부산 아이파크	FC 안양	안산 그리너스	부천 FC 1995
	광주광역시	부산광역시	안양시	안산시	부천시
	전남 드래곤스	아산 무궁화	수원 FC	대전 시티즌	서울 이랜드
	전라남도	아산시	수원시	대전광역시	서울특별시

3. 한국프로농구연맹
- 1996년 문화체육관광부 소관의 사단법인으로 창립, 1997년에 7개 구단으로 프로리그 출범
- 정규 경기, 올스타전, 플레이오프, 챔피언 결승전 총괄
- 10개 남자구단의 정규리그 운영

리그	팀명 및 연고지(2019년 기준)				
정규 리그	원주 DB 프로미	서울 삼성 썬더스	서울 SK 나이츠	창원 LG 세이커스	고양 오리온 오리온스
	원주시	서울특별시	서울특별시	창원시	고양시
	인천 전자랜드 엘리펀츠	전주 KCC 이지스	안양 KGC 인삼공사	부산 kt 소닉붐	울산 현대모비스 피버스
	인천광역시	전주시	안양시	부산광역시	울산광역시

4. 한국여자프로농구연맹
- 1998년 문화체육관광부 소관의 사단법인으로 창립, 같은 해 말에 5개 구단으로 프로리그 출범
- 6개 여자구단 정규리그 운영

리그	팀명 및 연고지(2019년 기준)					
정규 리그	청주 KB 스타즈	용인 삼성생명 블루밍스	인천 신한은행 에스버드	아산 우리은행 위비	부천 KEB 하나은행	부산 BNK 썸
	청주시	용인시	인천광역시	아산시	부천시	부산광역시

5. 한국프로배구연맹
- 2004년 문화체육관광부 소관 사단법인으로 창립, 2005년 초에 남자부 4팀, 여자부 5팀으로 프로리그 출범
- 7개 남자구단의 정규리그 운영

리그	팀명 및 연고지(2019년 기준)						
정규 리그	의정부 KB 손해보험 스타즈	대전 삼성 블루팡스	인천 대한항공 정보스	천안 현대캐피탈 스카이워커스	서울 우리카드 위비	수원 한국전력 빅스톰	안산 OK저축은행 러시앤캐시
	의정부시	대전 광역시	인천 광역시	천안시	서울 특별시	수원시	안산시

• 6개 여자구단의 정규리그 운영

리그	팀명 및 연고지(2019년 기준)					
정규 리그	한국도로공사 하이패스 배구단	KGC 인삼공사 프로배구단	수원 현대건설 힐스테이트	인천 흥국생명 핑크스파이더스	GS칼텍스 서울 KIXX	IBK 기업은행 알토스
	김천시	대전광역시	수원시	인천광역시	서울특별시	화성시

프로스포츠 연맹은 대표적인 '스포츠의 마케팅(marketing of sports)'의 주체로서 소비자와 직접적으로 대면할 수밖에 없다. 즉, 관객을 유인하기 위한 온갖 마케팅 전략을 구사해야 한다. 다양한 프로모션을 통해 잠재적인 소비자의 관심을 이끌게 된다. 한해 1,100만 명의 누적 관람객을 기록하는 국내 4대 프로스포츠 리그는 수준 높은 경기와 함께 수많은 프로모션을 진행했기 때문에 가능한 일이다. 프로스포츠 리그 안에 스포츠 시설업, 스포츠 용품업, 스포츠 서비스업이 모두 포함된 스포츠 산업 육성의 핵심적인 가치를 지니고 있다.

스포츠 서비스업에는 스포츠 베팅업이 있다. 마사회가 주관하는 경마, 국민체육진흥공단이 주관하는 경륜, 경정, 체육진흥투표권이 있다. 경마, 경륜, 경정은 본장을 각각 경기도 과천, 광명, 하남에서 국가 독점 사업으로 운영되고 있다. 수십여 개의 장외매장도 주무부처의 승인에 따라 운영되는 국가사업이다. 본장에서 송출되는 경주 장면과 결과를 대형 화면을 통해 실시간 공유하는 시스템으로 대규모 시설이 필요한 사업이다. 이 사업 내에서 다양한 예상지 업체가 있다. 이 역시 마사회와 국민체육진흥공단이 승인한 등록업체들이다.

반면 상품명이 스포츠 토토와 프로토로 알려진 체육진흥투표권은 민간에게 위탁·운영하고 있다. 또한 전국에 분포된 투표권 판매업체는 대규모 시설이 필요 없는 소규모 창업이 가능한 분야이다. 경마, 경륜, 경정 경기 서비스는 특수한 갬블링 사업이므로 정해진 장소에서 공정성을 기해 운영되므로 장외 매장도 그 기준에 따라야 한다. 하지만 프로 스포츠 경기 서비스를 통해 베팅을 할 수 있는 스포츠 토토는 프로그램을 갖춘 시스템만 갖추면 된다.

최근 스포츠 시장이 확대되면서 급부상하는 스포츠 마케팅업이 있다. 스포츠에이전트업, 회원권 대행 판매업, 스포츠 마케팅 대행업 등이 있다. 선수의 프로진출이 활발해지면서 선수의 권익보호, 이적·연봉협상 및 계약, 법률보호지원 등 에이전트 직무가 새로운 업종으로 부각되고 있다. 프로리그 선수뿐만 아니라 올림픽 종목의 선수들도 광고출연, 용품협찬 등 다양한 분야의 실질적 혜택을 받기 위해 에이전트에 의존하고 있다.

회원권 대행 판매업과 스포츠 마케팅 대행업은 말 그대로 회원권 판매, 행사개최의 권한을 갖고 있는 주체를 대행해 업무를 수행하는 것이다. 이벤트 기획과 관리까지 총괄적인 대행과 기업 스폰서십 확보를 위한 일부영역의 대행 등 매우 다양한 업무를 수행한다. 생산자와 소비자 간의 중간 역할을 함으로써 수수료에 따른 수익을 얻는다.

스포츠 서비스에서 빼놓을 수 없는 업종이 스포츠 미디어업이다. 전통적인 매체인 인쇄매체(신문, 잡지)와 방송매체(TV, 라디오)에서 인터넷 매체를 통해 확산되는 서비스 업종을 주목할 필요가 있다. 앞서 언급한 스포츠 갬블링(경마, 경륜, 경정)과 프로 스포츠 종목(야구, 축구, 농구, 배구)은 연중 쉬지 않고 치러지는 이벤트이다.

스포츠 공익기관이나 프로연맹과 같은 주관자는 경기일정, 선수동향, 이슈 등 공익적 가치에 근거한 기초적인 정보를 제공한다. 하지만 소비자는 자신이 좋아하는 종목, 팀, 선수와 관련하여 매우 구체적인 정보를 원한다. 특히 충성도(loyalty)가 높은 고객은 자신의 블로그, 페이스북, 유튜브와 같은 소셜 미디어를 통해서 알아서 홍보를 해주는 역할도 한다.

다시 말해 민간 스포츠 매체의 특성은 디테일함이다. 주관자로부터 제공되는 기초적 정보 외에도 경기 분석, 아무도 예상하지 못한 희귀한 사진, 선수의 일거수일투족 근황, 관련한 일자리 정보, 국가 정책과 방향, 팀 구성원의 이슈와 가십에 이르기까지 정보와 재미를 제공할 수 있다. 즉, 정보의 유통자 역할을 하면서 고객을 모이게 하고, 관련 기업의 광고시장을 형성할 수 있다.

스포츠 서비스업의 중요한 업종으로 스포츠 교육기관도 있다. 대표적인 국가자격증(스포츠지도사, 스포츠경영관리사) 및 민간자격증 교육기관, 국내 체육대학 입시 전문학원, 지상파 방송에서 주관하는 스포츠 교육기관, 1인 매체로 급부상한 파워 유튜버가 관리하는 미디어 교육 채널에 이르기까지 체육·스포츠와 관련한 교육 이슈는 지속될 것이다.

여기서 잠깐! 　　　　🔊 **체육·스포츠 분야의 국내 국가자격증을 이해하자!**

1. 스포츠지도사

- 문화체육관광부 국민체육진흥공단 주관 www.insports.or.kr
- 체육지도자란 학교, 직장, 지역사회 또는 체육단체 등에서 체육을 지도할 수 있도록 국민체육
  진흥법에 따라 해당 자격을 취득한 사람임
- 필기 1회(매년 5월) → 실기, 구술(6~7월) → 연수(8~11월)
- 매년 2만 여명이 응시하는 체육 분야의 최대 소비시장

- 자격증 종류 및 시험과목

시험과목	1급 전문 스포츠 지도사	2급 전문 스포츠 지도사	건강 운동 관리사	1급 생활 스포츠 지도사	2급 생활 스포츠 지도사	유소년 스포츠 지도사	노인 스포츠 지도사	1급 장애인 스포츠 지도사	2급 장애인 스포츠 지도사
스포츠심리학		선택	필수		선택	선택	선택		선택
운동생리학		선택	필수		선택	선택	선택		선택
스포츠사회학		선택			선택	선택	선택		선택
운동역학		선택			선택	선택	선택		선택
스포츠교육학		선택			선택	선택	선택		선택
스포츠윤리		선택			선택	선택	선택		선택
한국체육사		선택			선택	선택	선택		선택
운동상해	필수		필수	필수				필수	
체육측정평가론	필수			필수				필수	
트레이닝론	필수			필수				필수	
기능해부학 (운동역학 포함)			필수						
건강·체력 평가			필수						
운동처방론			필수						
병태생리학			필수						
운동부하검사			필수						
특수체육론									필수
유아체육론						필수			

노인체육론								필수	
스포츠영양학	필수								
건강교육론				필수					
장애인스포츠론								필수	
교과목	4	7	8	4	7	7	7	4	7
필수과목	4		8	4		1	1	4	1
선택과목		5			5	4	4		4

2. 스포츠경영관리사
  • 고용노동부 한국산업인력공단 주관 www.q-net.or.kr
  • 스포츠이벤트의 기획 및 운영, 스포츠스폰서 및 광고주 유치, 프로 및 아마추어 스포츠구단 스포츠마케팅 기획 및 운영, 스포츠콘텐츠의 확보 및 상품화, 스포츠선수대리인 사업의 시행, 스포츠 시설 회원 모집, 관리 등 회원서비스, 스포츠 시설 설치 및 경영 컨설팅, 공공 및 민간체육 시설 관리 운영
  • 필기 및 실기 : 2~3회
  • 매년 1,500~2,000여 명이 응시하는 스포츠 산업분야의 유일한 국가자격증 시장
  • 교과목 : 스포츠 산업론, 스포츠 경영론, 스포츠 마케팅론, 스포츠 시설론

기타 스포츠 서비스업으로 분류된 스포츠 게임 개발 및 공급업이 있다. 온라인과 모바일 게임 영역에서 스포츠란 콘텐츠가 추가된 것이므로 게임업종이라 할 수 있다. 스포츠 스타를 활용한 게임 캐릭터는 제작 전에는 소속 구단 혹은 에이전시의 승인을 얻어야 한다. 물론 내부적으로 선수가 최종적으로 승인한다. 선수 동의 없이 이름 대신 이니셜, 프로필을 사용하는 경우도 승인을 얻어야 한다. 스타의 고객흡입력을 이용해 상품에 이용하는 경우로서 퍼블리시티권(right of publicity)을 침해하지 않아야 하기 때문이다.

스포츠 여행업도 주목할 필요가 있다. 물론 이 역시 여행업체의 영역에서 스포츠를 배우거나 참관할 수 있게 프로그램을 엮는 것이다. 스포츠 유산을 탐방하는 투어도 매력적인 산업이다. 1988년 하계올림픽을 치르기 위해 조성된 서울 송파구에 위치한 올림픽공원을 투어하는 프로그램을 가정해보자. 어떤 체험과 재미 요소를 방문객에서 선사할 수 있을까? 관료적인 분위기의 기념관 정도로는 부족할 것이다.

여행업종과 에이전트업종 간의 협업관계를 통해 스포츠 스타와의 팬 미팅, 방문기간 동안 종목을 배울 수 있는 아카데미 프로그램, 프로구단 선수의 라커룸 투어, 훈련장소 및 클럽하우스 방문, 스포츠 시설 유산 탐방 등 매우 짜임새 있게 구성을 해야 매력적인 서비스가 될 수 있을 것이다.

여기서 잠깐!   스포츠 서비스 관련 기업을 찾아라!

(주)와이케이미디어 http://www.sportsq.co.kr
- '스포츠 Q'란 온라인 브랜드를 활용하여 스포츠 외에도 생활, 엔터테인먼트(영화, 방송 등), 문화, 뉴스 등 다양한 소식을 전함
- 특히 스포츠 산업의 별도 코너를 통해 정책, 포럼 등의 행사소식과 방향을 공지함
- 스포츠를 기반으로 하는 모든 분야의 풍부한 소식을 통해 광고 배너를 유도함

※ 윤거일, 양은희(2019, 국일미디어)의 '나는 스포츠로 창업을 꿈꾼다'에서 스포츠플랫폼, 콘텐츠, 디자인, 미디어, 출판, ICT, 머천다이징, 용품, 식음료, 마케팅, 매니지먼트, 이벤트로 분류해 제시했음. 또한 관련한 여러 회사의 사이트와 창업자 인터뷰를 통해 스포츠 창업의 가능성을 간접적으로 파악할 수 있음

스포츠
창업 해설서

나무에 다가간다는 것은?

1부에서 기업경영, 스포츠 산업과 창업의 방향, 스포츠 기업을 주제로 큰 숲을 바라봤다. 이제 본격적으로 울타리를 걷어내서 숲 안으로 걸어 들어가는 단계가 됐다. 1부가 하늘에서 숲을 봤다면 2부에서는 걸어서 나무를 보는 것이다. 급변하는 외부환경에 대응하고, 내실 있게 준비하기 위한 과정이다. 이를 통해 시장환경을 분석하고, 창업모델을 선정할 수 있다. 또한 사업 타당성을 검토하고, 떼려야 뗄 수 없는 경영과 마케팅 분야의 전략을 살펴볼 수 있다.

제**2**부

나무에 다가가자

제**4**장

시장환경분석 및 창업모델 선정

스포츠 창업 환경의 이해

1. 스포츠 기업 환경변화

조직을 둘러싼 환경이라 함은 '직·간접적인 영향력 및 조건(a set of forces and conditions)'을 뜻한다. 조직마다 다른 내부환경과 어떻게 변할지 모르는 외부환경의 변화를 이해할 수밖에 없는 이유다.

가장 큰 시대적 흐름을 이해해보자. 거창할지는 모르지만 산업혁명 도래의 의미를 찾아봐야 한다. 어차피 창업의 꿈은 영세업체 규모를 평생 유지하는 것이 아니라 회사를 키워나가는데 방점이 있기 때문이다. 즉, 짧게라도 개념, 특성 그리고 앞으로 도래할 산업변화의 가치를 이해할 필요가 있다.

첫째, 1차 산업혁명 시대이다. 누구나 다 증기기관이 발명된 영국에서 시작됐다고 이해한다. 18세기 무렵, 인력(人力)과 축력(畜力)에 의존했던 에너지는 물과 증기 힘에 의해 기계화 현상을 낳았다. 대략 8천에서 1만 년 전부터 시작돼 오늘날까지 유지돼 온 농업시장의 개념이 바뀌게 된 순간이다. 농업을 하더라도 기계를 통한 효율화와 생산성의 개념이 안착됐다.

둘째, 2차 산업혁명 시대이다. 전기를 이용한 19세기 무렵이다. 비로소 대량생산과 자동화 시스템이 도입돼 미국 포드 자동차처럼 공장에서 대량으로 양산할 수 있게 됐다. 오늘날에도 컨베이어 벨트에서 사람 대신 기계로 대체됐을 뿐 대량생산 시스템은 유효한 것이다.

셋째, 3차 산업혁명 시대이다. 전기에서 전자로 넘어가는 시기이다. 컴퓨터가 개발되고 정보화기술 혁명이 급진적으로 발전하게 했던 20세기 중반의 일이다. 또한 3C 혁명이라 일컫는 Car(자동차), Color TV(컬러 텔레비전), Cooler(에어컨)란 생활용품이 전 세계로 확산되면서 선진공업국의 부를 축적하는 속도는 더욱 가속화됐다.

넷째, 4차 산업혁명 시대이다. 세계경제포럼으로 잘 알려진 다보스 포럼 회장인 클라우스 슈밥(Klaus Schwab, 1938~)에 의해 2016년 본격적으로 세상을 향해 화두를 던졌다. 디지털 혁명을 토대로 가상현실(VR), 증강현실(AR), 인공지능(AI), 사물인터넷(IoT), 로봇기술 등 혁신적 기술이 쏟아져 나오는 시기이다. 탈공업화, 탈산업화를 상징하며 빅데이터에 따른 정보화 사회의 무한확장이란 개념을 따른다. 속칭 3A 혁명이라 하며 OA(Office Automation, 사무자동화), FA(Factory Automation, 공장자동화), HA(Home Automation, 가사자동화)가 가속화될 것이다. 또한 앞으로 기술과 기술, 산업과 산업 간의 융합과 복합현상으로 어디로 튈지 모르는 시대가 됐다. 1만 년 동안 유지돼 온 농업혁명이 불과 300년 만에 세계를 하나로 묶고, 매우 보편적 방식으로 서로 소통하며 지구에서 숨을 쉬고 있는 것이다.

▣ 산업시대의 변화

구분	내용
1차 산업혁명	• 영국 18세기 - 증기기관, 물과 증기의 힘에 의한 기계화 현상 주도 - 농경사회에서 공업사회를 바뀌는 이 시기를 '산업혁명시대'라고 부름
2차 산업혁명	• 19세기 무렵 - 대량생산, 자동화 시스템의 전기시대 - 선진국의 공업구조가 급진적으로 발전함
3차 산업혁명	• 20세기 중반 - 컴퓨터 개발, 정보화 기술의 전자시대 - 선진공업국의 부를 축적함
4차 산업혁명	• 21세기(지금) - 디지털 혁명(3차산업혁명) 토대로 제조업과 서비스 혁신이 이루어짐 - 탈공업화, 탈산업화가 이루어지고, 세계를 하나로 묶는 정보화 사회가 급격히 발전함

아이템 공감! 타면 탈수록 랭킹이 부여되는 적립금 사용 자전거 애플리케이션

• 기존의 속도계, 주행기록, 길 안내 시스템, 주변위치 정보, 칼로리 소모량 측정 기능 유지
• 자전거를 탈수록 거리실적 대비 랭킹 부여, 랭킹은 배지획득, 배지는 보상 적립금으로 활용
• 전국 자전거 매장과 연계해 자전거 용품 할인 구매 가능(환경 마일리지)

• 사업구조

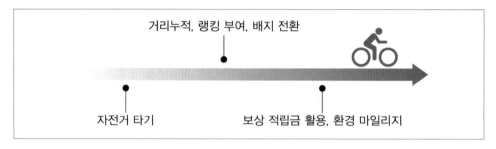

• 자신은 4차 산업혁명의 의미를 아는가.
• 자신이 일상용품으로 사용하고 있는 스마트폰의 위력을 자신의 제품과 서비스와 접목해 새로운 가능성을 상상하고 진지하게 고민해본 적이 있는가.
• 자신은 정부 혹은 민간에서 주관한 4차 산업혁명 시대란 주제의 포럼, 세미나 등에 관심을 가져본 적이 있는가.
• 4차 산업혁명은 시작에 불과하다. 앞으로 어디로 발전할지 모르는 시대의 흐름을 잘 파악해야 한다.

2. 시장의 변화

산업적 측면에서 시대를 살펴봤다면 생산자, 유통자, 소비자가 있는 시장(market) 차원에서 어떤 변화가 있을까? 우선 변화가 가속화되고 복잡해지고 매우 다양해졌다. 지속가능한 영역이 감소하고 서비스가 즉시적으로 이뤄지는 현상을 낳는다.

필립 코틀러 등(Kotler et al., 2017)은 시장 4.0이란 개념을 제시했다. 시장의 의미를 하나씩 살펴보자. 첫째, 시장 1.0이란 무엇일까? 생산자가 소비자에게 제품과 서비스를 전달하는데 한쪽 방향이 강한 시장이다. 이 의미는 경쟁사가 거의 없던 시절 기술을 독점한 몇몇 기업이 생산한 상품 외에는 다른 대안을 찾을 수가 없을 때의 시장이다. 제품이 고장 나도 소비자가 오늘날같이 민원을 강력하게 제기하거나 보상을 받을 수 없었다. 필요한 제품을 시장에 출시하는 기업이 한정됐기 때문이다.

둘째, 시장 2.0이란 무엇일까? 모든 기업은 성장주기가 있다. 형성기를 거쳐 성장기, 중년기, 장년기로 접어든다. 거의 모든 스타트업 기업은 형성기를 거친다. 조직이 덜 완성되고 강력한 마케팅을 통해 시장을 선점하는데 주력한다. 성장기에 올라서면 일이 많아지고 조직 내의 분업화가 일어난다. 이 시점에는 제품과 서비스를 시장에서 최초로 내놓는다고 해도 다른 기업도 유사한 상품으로 소비자를 유혹하는 단계이다. 다시 말해 경쟁사가 많아지는 성장기에서는 소비자를 붙잡기 위한 노력을 해야 한다. 민원에 대해 소극적으로 대처하게 되면 소비자는 다른 기업으로 갈 수 있는 시장이다.

그림 4-1

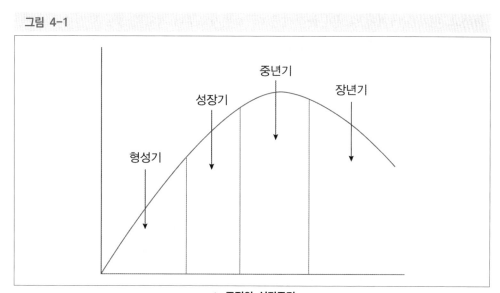

▲ 조직의 성장주기

셋째, 시장 3.0이란 무엇일까? 2.0 시장에서부터 힘을 길러온 소비자의 감성을 자극하지 않으면 움직이지 않는 시장이다. 생산자 중심의 일방향(1.0)과 소비자 중심의 쌍방향(2.0)을 넘어서는 지점이다. 인간 중심의 마케팅과 가치 중심의 소비가 어우러져야 인정받는 제품과 서비스가 된다. 이 시장에서 '스토리텔링(story-telling)'이란 마케팅이 강세를 이뤘다. 생산자가 좋은 상품을 소개하고 재미와 체험을 엮어 소비자를 유인하는 방식이다.

넷째, 시장 4.0이란 무엇일까? 앞서 산업의 변화에서 제시된 4차 산업기술과도 맞물려 있다. 스마트폰을 손에 들고 다니면서 1인 미디어 시대가 본격화됐다. 거창한 스튜디오와 버거운 장비를 필요로 하지 않는다. 정교한 카메라 기술과 어려운 편집 기법으로 소비자에게 감동을 주는 시대를 뛰어넘는다. 시간이 많이 소요되거나 일의 분업화로 인해 발생하는 복잡한 과정은 과감히 생략된다. 보다 편리한 기술과 간편한 편집기능을 통해 또 다른 차원의 이야기가 펼쳐지는 1인 미디어 생산자와 소비자 시대다. 즉시 소비하고 평가하고 새로운 콘텐츠로 넘어가는 속도가 무척 빨라졌다.

　사람들 간의 공감·공유의 속도와 폭이 매우 빨라지고 깊어졌다. 스토리텔링에서 '스토리두잉(story-doing)'으로 옮겨왔다. 즉, 소비자는 재미와 체험을 경험하면서도 직접 연출하고, 평가를 마쳐야 직성이 풀리게 됐다. 소비자로부터 기업의 제품과 서비스의 가치를 인정받으려면 소비자가 직접 경험하면서 가치를 느끼고 난 후이다. 기업의 광고에 의지하기 보다는 소셜 미디어 내 커뮤니티를 통해 직접 알아보는 시대다. 기업의 투명성과 진정성이 강조된 시장을 뜻한다.

▣ 시장의 변화

요인	특성
1.0 시장	제품 중심, 산업혁명의 동인(動因), 기능적 측면을 강조
2.0 시장	소비자 중심, 정보화기술, 기능과 감성적 측면을 강조
3.0 시장	인간 중심, 새로운 차원의 뉴 웨이브 기술, 상상력과 영혼을 강조
4.0 시장	온·오프라인 통합 시장, 스토리두잉, 투명성과 진정성 강조

출처: 문개성(2018). 스포츠 마케팅 4.0: 4차 산업혁명 미래비전. 박영사, p.25.

아이템 공감!　　　　영상연결혁신 플랫폼을 활용한 축구 콘텐츠 셀프 제작

• 1인 미디어 시대를 통한 유튜브 활용 축구 콘텐츠 제작
• 축구종목의 기술적 미션, 용품 소개, 전문적 레슨 등 카테고리 분류
• 재미와 유머, 대중성, 전문성 등을 가미한 지속적인 콘텐츠 제공

• 사업구조

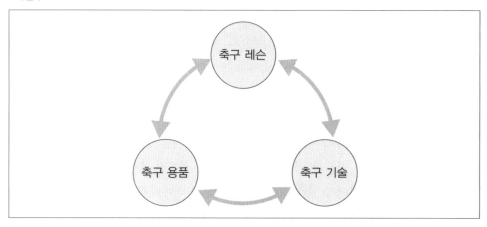

 Start-Up Tip!

• 자신은 4.0 시장이란 의미를 이해하는가.
• 오프라인 시장과 온라인 시장이 통합됐다는 의미를 이해하는가.
• 아직도 좋은 제품과 서비스가 있다면 자연스럽게 사람들이 알아줄 것으로 믿는가.
• 아무리 소규모 창업이라 할지라도 4.0 시장에서 사람들 간의 소통은 어떻게 이뤄지고, 공감하는지를 이해해야 한다.

제 2 절   환경분석

1. PEST 분석

경영환경은 내부환경(internal environment)과 외부환경(external environment)으로 구분한다. 내부환경은 조직마다 다른 조직문화와 분위기를 뜻한다.

외부환경은 큰 시각으로 바라봐야 하는 거시환경과 협소한 시각이 필요한 미시환경이 있다. 거시환경은 대표적으로 PEST 분석을 통해 창업환경에 처해있는 큰 줄기를 파악할 수 있다.

① P: 정치 · 법률적 환경(political and legal environment)

② E: 경제적 환경(economic environment)

③ S: 사회문화적 환경(sociocultural environment)

④ T: 기술적 환경(technological environment)

체육 · 스포츠 분야의 주무부처인 문화체육관광부(www.mcst.go.kr), 창업과 관련한 주무부처인 중소벤처창업부(www.mss.go.kr)의 홈페이지를 통해 글로벌 환경과 시대 트렌드를 이해할 수 있는 자료를 기회가 닿을 때마다 접하면 좋다.

아무리 좋은 아이디어가 있다고 해도 정치적으로 첨예하게 이해관계가 대립되면 법률적인 문제에 부딪히게 된다. 가장 큰 테두리인 관련법의 제정 혹은 개정이 안 되면 시장에 선보일 수 없기 때문이다. 즉, 공무원 관료사회에서 제도와 정책을 마련할 수 없게 된다.

경제적 환경은 우리 사회가 처해있는 환경뿐만 아니라 글로벌 경제의 영향도 있다. 중동 산유국과 서방의 갈등으로 유가가 뛴다고 가정해보자. 결국 국내 기름값이 오르고 차량 이용 비중이 감소하게 되면 여러모로 소비가 위축될 수 있다. 관람 스포츠를 위한 경기장 방문 횟수가 줄어들 수 있고, 실내 스포츠 센터에서 배웠던 운동도 집안 혹은 야외에서 대안을 찾을 수도 있다.

사회문화적 환경은 시대마다 달라지는 트렌드와 연관돼 있다. 태권도 프로그램도 다양한 재미 요인을 가미하듯이 예전처럼 혹독한 정신 수양, 품새, 겨루기가 주를 이루지 않는다. 명상을 통한 심신안정과 다이어트를 통한 신체건강 서비스를 접목시킬 수 있다. 이러한 흐름을 통해 요가, 필라테스, 플라잉 요가처럼 다양한 형태의 제품이 지속적으로 시장에 출시되는 것이다.

기술은 향후 판도를 바꿔놓을 수 있는 공학적 가치를 내포한다. 공학(工學, engineering)이란 무엇인가? 문제를 발견하고 기술적 해결책을 제시하는 분야이다. 새로운 분야를 개척하는 선도자란 의미의 퍼스트 무버(first mover)는 항상 기회와 위기를 양손에 올려놓고 과감히 저울질을 한다. 새로운 기술은 기존 시장과 새로운 시장에 관계없이 그 자체만으로도 경쟁력을 의미하기 때문이다.

여기서 잠깐! 변화의 속도에 대해 이해하자!

세계적인 미래학자 앨빈 토플러(Alvin Toffler, 1928~2016)는 저서 '부의 미래(2016)'를 통해 '변화의 속도' 주체를 아홉 가지로 분류하고 설명함
• 기업: 1시간 동안 160km로 달리는 속도로 가장 빠름
• 시민단체: 1시간 동안 140km로 달림. 환경파괴도 불사하는 기업의 속도를 제지하는 운동을 함
• 가족: 1시간 동안 95km로 달림. 기업제품과 서비스에 대해 즉각적으로 사용, 평가를 내림
• 노동조합: 1시간 동안 50km로 달림. 조직 내 필요한 조직이지만 종종 괴리를 느끼게 함
• 정부와 관료조직: 1시간 동안 40km로 달림. 기업에 비해 25% 수준으로 느린 변화의 속도임
• 학교: 1시간 동안 15km로 달림. 시대 트렌드에서 한창 벗어난 개념을 가르침
• 국제기구: 1시간 동안 8km로 달림. 지나친 관료적 절차로 국제분쟁을 제대로 해결한 적이 없음
• 정치조직: 1시간 동안 5km로 달림. 시민(가족)들이 인식하는 변화의 속도보다 한참 뒤처짐
• 법: 1시간 동안 1.5km로 가장 중요한 영역임에도 불구하고 가장 늦게 달림

아이템 공감! 전자상거래 반품처리 최소화를 위한 스포츠 아바타 애플리케이션

• 스포츠 용품의 색상, 사이즈, 신체와의 조화 등을 사전에 매칭할 수 있는 기능을 갖춤
• 소비자의 체형을 사진 찍고 용품과의 이미지 매칭 서비스 구현
• 일반 의류, 악세서리 등 확대 가능으로 전자상거래의 2차 도약 시장 가능성 기대
• 단, 개인 체형 등 민감한 개인정보 활용에 대한 제도적 장치 검토
• 사업구조

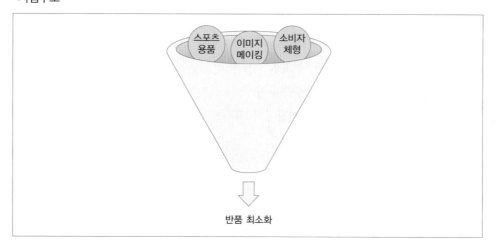

반품 최소화

Start-Up Tip!

- 자신은 외부환경에 대해 관심이 있는가.
- 자신과 관련이 있는 정보에만 관심이 있지 않은가.
- 전문가 수준의 경제를 이해하지 않더라도 몇 년 후 도래할 경제적 이슈를 이해하고, 판단할 수 있는 역량을 길러야 한다.
- 미래는 예언하는 것이 아니라 시장상황을 통해 예측할 수 있다는 것을 알아야 한다.

2. 3C 분석

3C는 자신의 회사를 포함해 고객과 경쟁자를 분석하는 방법이다. 즉, 현재에 방점을 두고 매우 냉정하게 파악해야 하는 기준이다. 앞서 제시한 PEST는 큰 범주에서 미래에 도래한 일들을 예측할 수 있어야 한다. 반면, 3C는 당장 자신이 처해있는 시장에서의 위치를 파악하는 것이다.

① C: 회사(Company)
② C: 고객(Customer)
③ C: 경쟁자(Competition)

회사는 자기 자신을 냉정하게 파악하는 영역이다. 강점과 약점을 도출해야 한다. 강점을 어떻게 강화하고, 약점을 어떻게 보완해야 할지 고려해야 한다. 고객은 시장의 트렌드와 욕구와 관련된 요인이다. 무엇을 요구하고 있는지, 어떤 불만의 요소들이 있는지 고려해야 한다. 경쟁자는 기업의 수명주기(형성기, 성장기, 중년기, 장년기)에서 성장기 때 경험하는 다수의 경쟁상대를 뜻한다. 시장에서 유사한 제품과 서비스 군(群)에서 이겨낼 수 있는 방안을 집중적으로 고려해야 한다.

아이템 공감!   대학 인프라 활용 생활체육 프로그램

- 지방도시의 고령화 가속화에 따른 생활체육 복지 프로그램 부족
- 민간 스포츠시설의 도시 집중화로 인한 생활체육 취약계층 발생
- 대학 내 체육계열 학생의 인프라를 활용한 생활체육 서비스 제공

• 기대효과: 지역사회의 학생창업 안착 및 지자체의 체육복지사업 명분 지속
• 사업구조

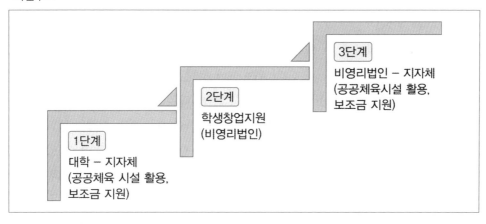

• 자신은 회사, 고객, 경쟁자의 세 가지 요인이 어떻게 연결되는지 이해하는가.
• 자신의 회사를 충분히 이해하고 있다고 생각하는가.
• 자신은 고객과 경쟁자를 충분히 이해하고 있다고 생각하는가.
• 현재상황은 항상 냉정히 파악해야 한다. '어떻게 하면 잘 되겠지'라는 막연한 기대는 일찌감치 접어야 한다.

3. SWOT 분석

한 번쯤은 들어본 유명한 분석이다. 상식이 될 법한 보편적인 분석기법이라고 무시하면 안 된다. 지금까지 논했던 외부환경, 내부환경을 엄밀하게 파악해 전략을 개발하기 위한 도구로서 매우 유용하다. 6장에서 자세히 다룰 전략 경영 프로세스에서 필수적 단계이다.

이 단계를 넘어서야 방향을 가늠하는 전략이 생기고, 구체적인 프로그램에 관한 전술이 나오기 때문이다. 또한 자사의 제품과 서비스를 놓고 어떻게 성장시키고(성장 전략), 확실한 사업단위를 선별하며(BCG 매트릭스), 시장에서 경쟁우위를 선점하는가(경쟁 전략)를 이해하고 적용할 수 있다.

① 내부환경 분석: 강점(strength), 약점(weakness)
② 외부환경 분석: 기회(opportunity), 위협(threat)

내부환경에서 파악할 수 있는 강점(strength)과 약점(weakness)을 분석하고, 외부환경에서 파악할 수 있는 기회(opportunity)와 위협(threat)을 분석한다. 이후 내부환경과 외부환경에서 분석한 요인(SWOT)을 바탕으로 전략을 수립한다.

만약 강점과 기회가 있다고 확신한다면 어떻게 하겠는가? 계속 시장의 변화만 바라볼 것인가? 매우 강력하게 공격적인 전략을 구사해야 한다. 시장을 선점할 수 있는 좋은 기회이기 때문이다. 기회는 분명하게 보이는데 자사의 약점이 있다고 하면 어떻게 하겠는가? 약점을 보완할 실력 있는 파트너를 찾아볼 수 있을 것이다. 시장에서 독점이란 잘 일어나지 않는다. 서로 실력을 보완하며 이익을 잘 나눌 수 있는 협업의 시대인 것이다.

▣ SWOT 분석을 통한 경영 전략

구분	기회(Opportunity)	위협(Threat)
강점(Strength)	<O/S 전략> • **공격전략** • 시장기회선점 전략 • 시장/제품 다각화 전략	<T/S 전략> • **다각화 전략** • 시장침투 전략 • 제품확충 전략
약점(Weakness)	<O/W 전략> • **안정전략** • 핵심역량강화 전략 • 전략적 제휴	<T/W 전략> • **방어전략** • 철수 전략 • 제품/시장 집중화 전략

아이템 공감!　　　　생활스포츠소비자와 코칭 서비스 연결 애플리케이션

• 종목별 스포츠지도사와 생활체육동호인 매칭 서비스
• 코치 스스로 자기 소개, 체육동호인의 평가 매칭
• 종목을 배울 수 있는 시간, 장소, 서비스 종류 소개

• 사업구조

제 3 절 스포츠 창업모델 선정 및 창업절차

1. 창업 아이디어 선정의 원칙

비즈니스 모델이란 용어는 1950년대 처음 제시가 되어 1990년대 말 인터넷 관련 비즈니스가 성장하면서 광범위하게 사용하고 있다. 스포츠 비즈니스 모델을 어떻게 발굴하고 개발해야 할까? 우선 이 질문부터 시작하자.

창업을 하기 위해 어떤 업종을 선택해야 할까? 막연한 질문일 것이다. 그렇다 하더라도 주변의 의견만을 듣거나, 충분한 정보 검증 없이 무턱대고 뛰어들어서는 안 될 것이다. 몇 가지 기본원칙을 살펴보면 우선 선택할 업종이 성장과 발전 가능성이 있는지 살펴봐야 한다. SWOT 분석을 통해 제시했던 시장에서 기회로 다가오는 지를 분석해야 한다. 이는 곧 고객의 욕구를 확인하는 것과 같다.

　또한 경험이 토대가 되면 보다 안정성을 담보할 수 있다. 다른 사람이 잘 되는 사업이 자신에게 반드시 그럴 것이라는 기대를 하기 보다는 가장 잘 할 수 있는 분야를 찾는 것이다. SWOT 분석에서 자신의 강점을 찾는 것과도 같다. 창업자 중에서 상당수가 전(前) 직장에서 얻은 노하우를 바탕으로 한다. 진정한 지식이란 인터넷상의 각종 정보, 책 등을 포함한 남의 지식을 통해서 얻는 것이 아니라 남의 지식을 바탕으로 자신이 직접 체득한 지식을 말한다. '기술'과 '네트워크'가 충분하다면 도전해볼만한 업종이 된다.

　우리나라는 기본적으로 관료사회이다. 민간이 주도하기보다 성장 동력을 국가가 주도한다. 다시 말해 인·허가와 관련된 사항을 파악하는 것은 매우 중요하다. 앞서 앨빈 토플러가 제시한 변화의 속도에서 얘기했듯이 아무리 근사한 신기술이 있어도 정부가 느리면 시장에 출시도 못한 채 사라질 수 있다. 2019년 세계경제포럼(WEF)의 국가 경쟁력 평가에서 우리나라는 평가대상 141개국 중에서 13위를 차지할 만큼 높다. 금융·노동시장의 효율성, 기업의 혁신성, 인적자원의 우수성 등을 포함하므로 창업환경이 개선되고 있다. 법적인 허가, 인가, 면허등록 등의 꼼꼼한 절차를 잘 이해하고 가능한지를 파악해야 한다.

　시장논리상 성공할 확률이 높고 실패할 확률이 낮은 업종을 선택해야 한다. 보통 첫 창업자에게는 하이테크형보다 하이터치형 업종을 선택하라고 한다. 즉, 기존 상품의 기능과 디자인 등의 개선을 통해 시장에 안착하는 것이 중요하기 때문이다. 경쟁자가 없으면 시장에서 독점할 수 있지만, 경쟁자가 없다는 것은 실패확률이 높기 때문에 그만큼 도전한 사람이 없다는 것을 의미한다.

　물론 경쟁자가 많은 곳에 무조건 뛰어들었다고 해결될 문제는 아니다. 시장에서의 과포화 상태, 도전하는 창업자가 지나치게 적은 상태 등을 분석하고 선별하는 것도 중요하다. 마지막으로 자신의 적성에 맞는 업종이어야 한다. 원론적인 얘기이지만, 남의 기준이 아닌 자신의 기준에 초점을 맞추어야 한다.

아이템 공감!   **축구동호인 정강이 보호를 위한 신가드 탈·부착형 내부 포켓**

• 기존 신가드는 스타킹 안에 삽입하여 사용함에 따라 땀으로 인해 흘러내림 현상이 있음
• 내부 포켓을 만들어 한 번 부착하면 고정되어 종아리 테이핑 등의 기존방식을 개선한 용품
• 사업구조

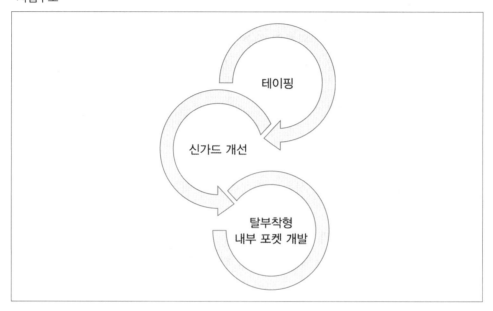

Start-Up Tip!

• 자신은 SWOT 분석을 진짜 해보았는가.
• 자신이 가장 잘 할 수 있는 분야를 생각해본 적이 있는가.
• 주변에서 잘된다고 무턱대고 뛰어들 것인가, 자신의 기준에 맞게 꼼꼼하게 살펴볼 것인가.
• 공무원 사회의 생리를 이해하고 있는가.
• 공무원 사회가 권위적인 관료사회라는 이유로 무작정 피할 것인가. 그들은 혁신 마인드가 아닌 행정 마인드로 충만한 사람들이다. 즉, 법과 제도에 맞게 차질 없이 행정절차를 완수해 주면 역할을 충분히 하는 것이다. 다시 말해 소요될 기간을 감안하여 인·허가를 밟기 위한 과정을 절차대로 요청하고, 확인하면 된다.

2. 창업의 핵심요소

통상 창업정신의 핵심요소로 창의성(creativity)은 '새로운 것을 생각하는 것(Thinking new things)', 혁신(innovation)은 '새로운 것을 행하는 것(Doing new things)', 기업가 정신(entrepreneurship) 은 '시장에서 가치를 창출하는 것(Creating value in the market place)'이란 명제를 인용한다.

창업 아이디어 선정의 기본원칙을 준수했다면 핵심요소를 고민해봐야 한다. 가장 흔한 방식을 통해 중요한 키워드를 효과적으로 얻을 수 있다. 많이 알려진 '5W1H'를 대입해보자.

① WHO
- 자신은 누구인가?
- 자신은 누구와 동업을 할 것인가?
- 자신은 조직의 인력구성을 어떻게 하고자 하는가?

② WHAT
- 자신은 무슨 제품과 서비스를 발굴할 것인가?
- 자신은 하이테크형으로 갈 것인가, 하이터치형으로 갈 것인가?
- 자신에게 맞는 아이템은 무엇인가?

③ WHEN
- 자신은 언제 창업 시기를 결정하고자 하는가?
- 자신이 창업할 아이템에 대해 언제 인·허가 절차를 밟고자 하는가?
- 자신의 미션과 비전을 담은 사업계획서는 언제 작성하고자 하는가?

④ WHERE
- 자신이 선택한 사업공간의 위치는 어디인가?
- 자신은 좋은 점포의 위치를 어디라고 생각하는가?
- 자신보다 더 나은 경쟁자의 위치는 어디라고 생각하는가?

⑤ WHY
- 자신은 왜 이 업종을 선택하는가?
- 자신은 왜 이 미션과 비전으로 결정하는가?
- 자신은 왜 이 경영철학으로 결정하는가?

⑥ HOW

    – 자신은 어떻게 자금조달을 하고자 하는가?

    – 자신은 어떻게 경영전략을 구사하고자 하는가?

    – 자신은 어떻게 마케팅전략을 구사하고자 하는가?

아이템 공감!　　　　**프로스포츠 관람혁신 소셜 미디어단**

• 고프로, 360도 카메라 등을 활용해 소셜 미디어단을 구성하여 다양한 각도에서 경기중계
• 소비자의 반응을 유도, 가장 많은 실시간 조회 수의 경기중계 생산자 순서로 수익 배분
• 프로구단과 지자체(연고지)가 소셜 미디어단을 창단하여 홍보수단 활용
• 사업구조

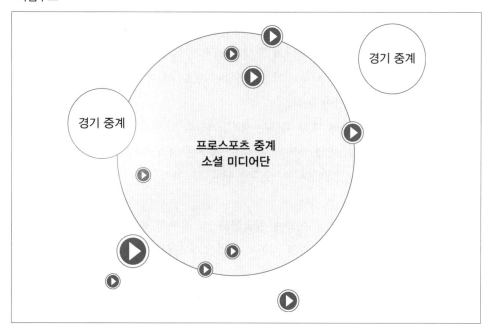

Start-Up Tip!

• 자신은 5W1H를 알고 있는가.
• SWOT 분석을 하는 것처럼 5W1H를 객관적으로 기술해봐야 한다.

3. 제품과 서비스 아이디어의 발굴

아이디어는 머릿속에서 갑자기 떠오르는 영감을 통해 나올 수도 있고, 차분하게 생각을 하나씩 끄집어내면서 도출될 수도 있다. 전자보다 후자가 아이디어를 발굴하는데 도움이 될 것이다. 현재 상태를 냉정하게 바라보고 미래 상태를 예측하는 과정이 반복되고 숙달됐을 때 갑자기 영감이 떠오르기도 할 것이다.

아이디어는 우선 누가 필요하냐의 문제와 직결된다. 필요성(needs)과 욕구(want)가 동반한다. 제품(product)과 서비스(services)가 잘 조합이 됐을 시 매력적인 상품(goods)으로 탄생한다는 개념을 잊지 말아야 한다.

사람들이 필요한 제품에 대한 욕구는 품질, 기능과 같은 경쟁사와 비교해서 기본적으로 넘어야 할 기준이다. 반면, 서비스에 대한 욕구는 가격, 차별화, 디자인과 같은 경쟁사와 비교해서 우위를 선점해야 할 기준이 된다. 두 가지 충족이 된다면 자신만의 상품으로 시장에서 경쟁하는 것이다.

그렇다면 제품과 서비스는 어떻게 발굴할까? 꽤 유용한 탐색방법은 도처에 널려있다. 당장 실행할 수 있는 몇 가지를 정리하면 다음과 같다.

① 주변사업 관찰

　모방이 쉽거나 자신만의 시각으로 변형이 가능한 사업을 찾아본다.

② 전시회 참관

　국가(주무부처) 혹은 민간이 주도하는 관련 전시회를 통해 업계 동향을 파악한다.

③ 성공사례 탐색

　자사 홍보를 위해 기획된 보도 자료도 도움이 된다. 직접 성공한 사람에게 문의하는 방법도 좋다. 성공한 경험이 있는 사람들은 시장상황을 분석하는 기술이 체득돼 있어 자신의 업종 외에도 가능성 있는 업종에 대한 고급정보를 공유할 수 있다.

④ 유망사업 정보 확보

최신 트렌드를 소개한 책, 유료 간행물도 중요하다. 정부부처 홈페이지를 통해서 분석 자료를 무료로 볼 수도 있다. 9장 스포츠 창업지원제도에서 자세히 소개하겠다.

여기서 잠깐!　　　　　집단지성을 이해하라!

• 집단지성이란 무엇인가?
  – 집단지성(collective intelligence)이란 여러 세대에 걸쳐 축적된 경험, 기억 등을 끄집어내어 방향성을 잡기 위한 효과적인 방법으로 최근 소셜 미디어 내의 다수의 의견이 세상의 흐름을 바꿀 만큼 영향력을 가짐
  – 소규모 창업은 전적으로 자신만의 결정으로 이루어지지만, 여러 사람의 의견을 경청할 필요가 있음
  – 조직이 클수록 개인이 의사결정을 하기보다는 운영위원회, 자문위원회 등의 임시기구를 두고 의견을 모으는 절차를 마련함으로써 위험요소를 줄이고자 함
  – 개인이 완전한 정보를 알 수 없고, 집단에서 많은 대안이 도출될 수 있기 때문임
  – 집단지성과 확산적 사고를 통해 다량의 아이디어가 생산될 수 있음

• 브레인스토밍을 통한 확산적 사고기법
  – 4S 규칙을 준수함
  ① Support(지지): 남이 하는 제안에 대해 비판을 금지한다.
  ② Silly(자유분방): 과거 경험, 지식, 전통에 얽매이지 않고 자유롭게 아이디어를 산출한다.
  ③ Speed(양산): 가능한 많은 의견이 나오도록 하게 한다.
  ④ Synergy(결합 · 개선): 제안된 아이디어끼리 결합, 개선을 통해 새로운 아이디어를 도출한다.

위와 같이 실천적 행위를 통해 시장에서 기회를 얻을 수 있다. 이는 기회로 다가오는지 혹은 단기간에 퇴출될 것인지를 파악하는 역량을 키울 수 있음을 의미한다. 이 과정 속에서 시장에서 필요한 욕구를 발견하고, 문제를 해결할 수 있는 아이디어가 도출되는 것이다.

도출된 아이디어는 본격적으로 제품과 서비스에 대한 아이디어로 발전시켜야 한다. 다시 말해 시장에서 필요한 문제의 해결책은 무엇인가? 어떤 제품과 서비스가 출시돼야

만이 이 문제를 해결할 수 있을까? 또한 수익성이 보장될까? 추상적인 아이디어가 구체성을 띠기 시작한다. 이 과정을 거치면 제품 콘셉트(product concept)로 발전하게 된다. 즉, 소비자는 이 콘셉트만의 속성을 통해 실질적 편익을 얻게 된다. 이후 서비스(services)를 가미해 신제품이 세상에 나오게 된다. 대표적으로 상표(brand)를 통한 상품이 시장에 출시되는 것이다.

예를 들어 현대인의 생활습관에 따라 개발될 수 있는 제품이 출시되는 과정을 살펴보면 다음과 같다.

① 시장의 기회 인식

현대인들이 PC, 스마트폰 사용이 많아 거북목 현상이 급증하고 있다.

② 제품 아이디어

자세를 교정해줄 수 있는 제품이 필요하다.

③ 제품 콘셉트

착용하면 목이 세워지고 안마기능도 있다.

④ 신제품

'기린목 받침대'란 신제품을 완성한다.

⑤ 상품

브랜드, 디자인, 가격, 품질 등 다양한 서비스를 가미해 상품으로 출시한다.

또 다른 예를 적용해보자.

① 시장의 기회 인식

현대인들의 걷기 열풍은 더욱 급증하고 있다.

② 제품 아이디어

자세를 교정해주고 훨씬 걷기가 편하게 해주는 제품이 필요하다.

③ 제품 콘셉트

양쪽 손바닥에 고리로 걸어 분리가 안 되는 스틱을 활용한 노르딕 워킹 기능을 활용한다.

④ 신제품

'K-노르딕'이란 신제품을 완성한다.

⑤ 상품

노르딕 워킹 민간지도자 자격증, 교육 프로그램, 브랜드, 디자인, 가격, 건강효과 용역결과 자료, 프랜차이즈 사업, 노르딕 워킹 페스티벌 등 다양한 서비스를 가미해 상품으로 출시한다.

위에서 보는 바와 같이 1단계인 시장의 기회에서 4단계인 신제품의 완성까지는 도달하게 된다. 하지만 5단계인 상품화 과정에서 더디게 가는 경우가 흔하다. 타이밍을 놓치게 되면 유사 제품이 시장에서 나올 수도 있고, 상품화에 함께 뛰어들고자 했던 협력자들의 이탈이 가속화될 수도 있다. 잠재적인 소비자들의 인식을 높여줄 수 있는 상품화 단계에 속도를 내야 한다. 다시 말해 제품과 서비스의 조합이 상품이란 것을 잊지 말아야 한다.

여기서 잠깐! 👆 **브랜드를 이해하라!**

• 브랜드를 어떻게 작명할 것인가?
  - 기술적 이름: 제품속성을 강조함(물먹는 하마, 팡이제로, 한스푼, 햇반, 풀무원 등)
  - 암시적 이름: 제품특징을 우회적으로 전달함(참이슬, 처음처럼, 컨디션, 제네시스 등)
  - 자의적 이름: 특별한 의미는 없고 기억하기 쉽게 함(LG, SK, IBM, 코웨이 등)

• 브랜드를 어떻게 연상시키게 할 것인가?
  - 브랜드 연상(brand association)이란 브랜드와 관련하여 떠올리게 함
    ① 호의적인(favorable) 브랜드 연상: 다른 브랜드보다 더 좋아하게 함
    ② 강력한(strong) 브랜드 연상: 브랜드를 접하는 순간 바로 반응할 정도로 강렬하게 함
    ③ 독특한(unique) 브랜드 연상: 경쟁브랜드에 비해 특별하게 느끼게 함
  * 출처: 유순근(2017). 창업 온·오프 마케팅. 박영사. p.304~305.

Start-Up Tip! 👆

• 자신은 제품과 서비스를 탐색하기 위해 어떤 노력을 하고 있는가.
• 자신은 지인들의 말만 의지하고 있지 않은가.
• 자신은 남의 의견을 듣는 편인가 혹은 자기 자신의 의견 외에는 무시하는 편인가.

• 최대한 많은 사람들의 의견을 묻고, 정리하는 과정을 통해 궁극적으로는 자신이 선택해야 한다. 즉, 생각과 정리는 복잡할지라도 실행은 단순하게 해야 한다.

아이템 공감!   **프로스포츠 산업 발전을 위한 후불제 티켓팅 시스템**

• 고속도로 하이패스처럼 관람 스포츠 구장 게이트 자율 통과
• 프로연맹 인증 스마트폰 애플리케이션을 통해 누적 티켓팅 유도
• 시즌권, 패키지 할인권, 홈구장 이점 등 다양한 프로모션 활용
• 사업구조

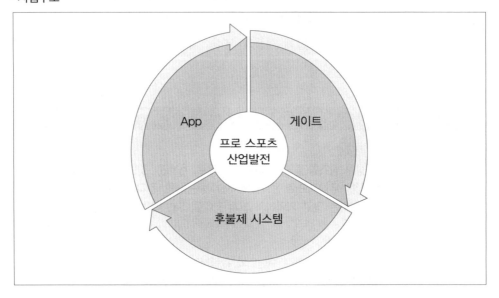

---

4. 창업의 절차

창업의 기본절차는 크게 세 가지로 구분할 수 있다.
① 창업의 구상
② 창업의 계획
③ 사업의 실행

첫째, 창업구상 단계는 창업자 분석, 아이템 탐색, 특허 및 상표등록 검색, 소비자 분석과 시장분석을 해야 한다. 창업자 분석은 스스로 창업에 적합한 성향을 갖고 있는지, 철저한 계획과 의지를 갖추고 있는지를 객관적으로 분석하는 것이다. 아이템 탐색은 시장의 변화를 제대로 읽고 환경 분석을 통해 아이디어를 선정하는 것이다. 여기서 짚고 넘어가야 하는 점은 아이디어 창출로 끝나는 것이 아니라 그 아이디어 중에서 무엇을 선정해야 하느냐가 중요하다. 기발한 아이디어가 꼬리에 꼬리를 물고 쏟아질 수 있다. 하지만 참신한 아이디어를 식별해낼 수 있어야 한다. 그리고 관련 특허나 상표등록 건이 있는지 살펴봐야 한다.

둘째, 창업계획 단계는 사업아이템이 선정됐으면 사업타당성 분석으로 이어져야 한다. 이후 본격적으로 사업계획서를 작성할 수 있다. 5장에 제시할 사업타당성 분석은 크게 기술성 분석, 시장성 분석, 재무분석, 경제성 분석으로 구분한다. 10장에 제시할 사업계획서 작성을 위해선 계획서의 구성요소와 기본계획, 실행계획, 관리계획에 관한 개념을 이해해야 한다.

셋째, 사업실행 단계는 본격적인 실무단계이다. 즉, 회사의 설립과 인·허가 취득 문제, 사업장의 확보를 위해 본사, 공장, 영업장 등에 관한 탐색, 조직을 구성하고 인력을 확보하는 단계, 사업을 수행하고 효율적인 경영을 통해 효과적인 관리로 이어지는 구조를 만들어야 한다.

중소벤처기업부(www.mss.go.kr)와 창업진흥원(www.kised.or.kr)에서 마련한 온라인법인설립시스템(www.startbiz.go.kr)을 이용해서 법인설립등기를 마칠 수 있다.

또한 중소벤처기업부(2018)에서 제시한 제조업과 도·소매업의 창업절차를 살펴보면 다음의 도식을 통해 이해할 수 있다.

그림 4-2

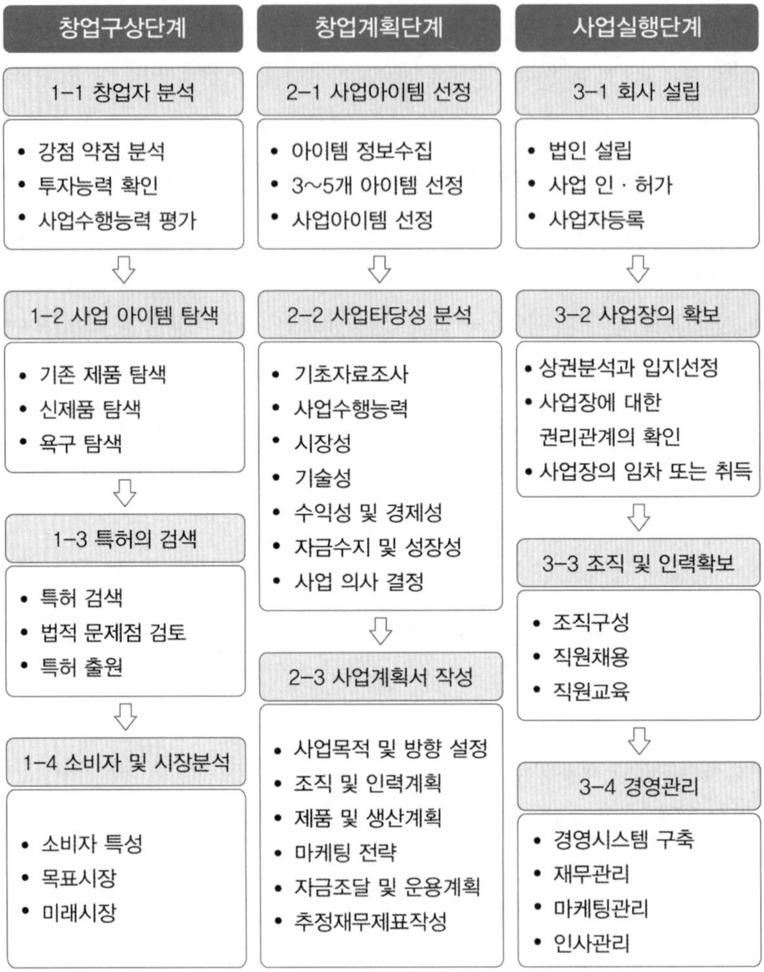

창업구상단계	창업계획단계	사업실행단계
1-1 창업자 분석	**2-1 사업아이템 선정**	**3-1 회사 설립**
• 강점 약점 분석 • 투자능력 확인 • 사업수행능력 평가	• 아이템 정보수집 • 3~5개 아이템 선정 • 사업아이템 선정	• 법인 설립 • 사업 인 · 허가 • 사업자등록
1-2 사업 아이템 탐색	**2-2 사업타당성 분석**	**3-2 사업장의 확보**
• 기존 제품 탐색 • 신제품 탐색 • 욕구 탐색	• 기초자료조사 • 사업수행능력 • 시장성 • 기술성 • 수익성 및 경제성 • 자금수지 및 성장성 • 사업 의사 결정	• 상권분석과 입지선정 • 사업장에 대한 권리관계의 확인 • 사업장의 임차 또는 취득
1-3 특허의 검색		**3-3 조직 및 인력확보**
• 특허 검색 • 법적 문제점 검토 • 특허 출원	**2-3 사업계획서 작성**	• 조직구성 • 직원채용 • 직원교육
1-4 소비자 및 시장분석	• 사업목적 및 방향 설정 • 조직 및 인력계획 • 제품 및 생산계획 • 마케팅 전략 • 자금조달 및 운용계획 • 추정재무제표작성	**3-4 경영관리**
• 소비자 특성 • 목표시장 • 미래시장		• 경영시스템 구축 • 재무관리 • 마케팅관리 • 인사관리

출처: 중소벤처기업부(2018). 창업상담 표준해설서.

▲ 일반창업의 창업절차도

① 제조업의 창업절차

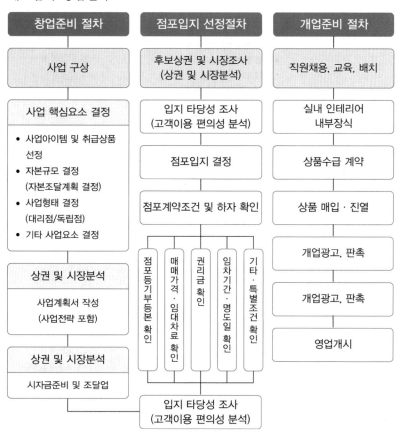

출처: 중소벤처기업부(2018). 창업상담 표준해설서.

② 도·소매업의 창업절차

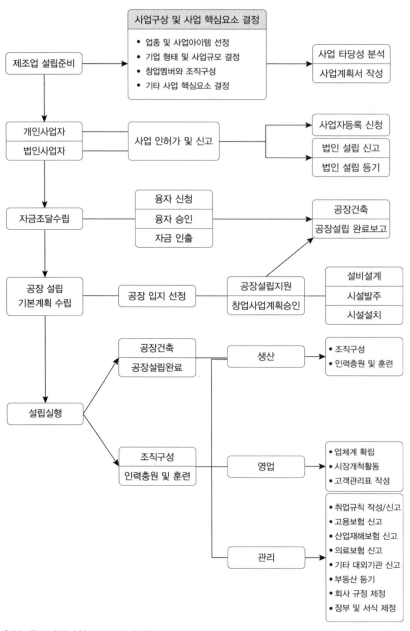

출처: 중소벤처기업부(2018). 창업상담 표준해설서.

제 **5** 장

스포츠 창업모델 사업타당성 분석

수익구조

수익구조를 이해하기 위해서는 시장(market)의 원리를 이해해야 한다. 시장의 3요소는 무엇인가? 기본적으로 생산자, 유통자, 소비자이다. 이 요소 중에 수익을 얻는 주체는 생산자와 유통자이다. 즉, 소비자에게 판매를 하는 입장이기 때문이다. 마케팅(marketing)의 기본원칙은 생산자, 유통자, 소비자 모두가 만족해야 한다. 생산자는 합리적인 가격에 판매하고, 유통자는 중간 수수료를 남기며, 소비자는 가격대비 우수한 품질을 얻었다면 성공한 마케팅에 해당된다. 하지만 생산자와 유통자만 폭리를 취했다면 마케팅이 아니라 판매에 해당된다. 생산자에게만 초점이 맞추어진다면 소비자는 다른 곳으로 눈을 돌릴 수밖에 없다.

그림 5-1

▲ 생산자, 유통자, 소비자 관계

사업타당성 분석에 앞서 수익구조를 이해하는 것은 중요하다. 자신이 생산자의 역할을 할지, 유통자의 역할을 할지가 매우 중요하기 때문이다. 혹은 소비자이면서 유통자 역할을 할 수도 있다. 예를 들면 올림픽 협찬사로 참여하는 기업은 1차적으로는 소비자이다. 올림픽이란 상품을 생산한 국제올림픽위원회(IOC)로부터 자금을 주고 공식 스폰서 권리를 구매했기 때문이다. 이로써 전 세계 고객을 대상으로 올림픽이란 상품을 전달하는 2차적인 유통자 역할을 하게 된다. 이는 궁극적으로 자사의 상품을 많이 팔기 위해 플랫폼으로 삼은 것이다.

방송사도 마찬가지다. 스포츠 중계권을 확보하기 위해 자금을 주는 행위가 1차적으로 발생한다. 2차적으로는 올림픽을 TV를 통해 전달하는 유통자 역할을 함으로써 기업

광고를 유치하기 위한 환경을 만들게 된다.

결론적으로는 생산자는 매력적인 제품과 서비스를 만들어야 한다. 이를 유통기술을 가진 전문가 집단에 의뢰하지 않으려면 유통경로를 뚫어야 한다. 온라인을 통한 주문 즉시 배송 서비스가 가능한 아이템이라면 생산자와 유통자 역할을 동시에 할 수 있다. 또한 직영이라 불리는 방식이 가능한 체계적인 시스템을 갖추었다면 본사에서 사람을 파견해 시장의 주도권을 잃지 않게 할 수도 있다.

하지만 '거래의 경제성' 측면에서 바라봐야 할 생산자의 상품이라면 유통자를 끌어들여야 한다. 프랜차이즈 사업이 대표적이다. 프랜차이저(franchiser, 본사)가 프랜차이지(franchisee, 가맹점)로부터 일정 금액을 받고 로열티를 제공하는 사업 구조이다. 가맹점 수요가 폭발적으로 많다면 본사는 중간상(전문대행사)을 둘 수 있다. 수많은 수요자와 직접 거래하면서 발생하는 업무범위(미팅, 조율, 협약, 거래 등)를 효과적으로 조정할 수 있기 때문이다.

제2절 사업타당성 분석

1. 기술성 분석

사업타당성 분석이란 크게 네 가지로 분류한다. 기술성, 시장성, 재무, 경제성을 분석하는 것이다. 또한 사업타당성 분석을 할 때 우선순위는 창업자 역량을 평가해야 한다. 적성과 자질, 경험과 지식, 업종선택의 적합성을 분석하고, 창업자의 경영능력을 평가해야 한다.

기술성 분석을 살펴보자. 타당성 분석 중에서 기술성 분석은 제품과 서비스에 대한 기술적 특성을 파악하는 것이다. 더불어 공장(생산자), 점포(유통자)와 같이 입지를 선정하는 문제도 포함돼 있다. 기술성 분석항목을 세 가지로 분류해서 살펴보면 다음과 같다.

① 제품·서비스의 용도 및 품질 분석

② 생산과 재고 분석

③ 입지조건과 환경 분석

첫째, 제품·서비스의 용도와 품질에 대해 기술적 타당성을 분석한다. 국내외 경쟁업체 현황을 파악하고, 자사가 출시한 제품과 서비스가 경쟁력을 갖추었는지 파악해야 한다. 또한 제품의 용도와 소비처는 어떻게 설정될지, 품질수준에 따라 수요량에 영향을 미치는지 등을 분석하여 기술의 장래성을 파악해야 한다.

둘째, 생산과 재고 분석을 해야 한다. 어떻게 하면 효율적으로 생산을 하고, 효과적으로 유통을 하며, 재고를 할지를 고려해야 한다. 생산방식과 공정의 효율성과 생산능력을 객관적으로 파악해야 한다. 이는 주요 계획시설 및 계획시설의 적정성, 합리적인 시설배치 등과 연관돼 있다.

셋째, 기술성 분석에서 입지조건과 환경 분석을 빼놓을 수 없다. 입지는 자연적 입지요인, 경제적 입지요인, 사회적 입지요인을 통해 구분할 수 있다. 자연적 입지요인을 통해 부지 상태, 배수, 매연, 폐기물 처리, 부산물 처리, 기후, 풍토 등과 관련하여 분석을 할 수 있다. 경제적 입지요인을 통해 원자재 조달 능력, 시장과의 접근성, 물류의 편리함, 금융기관과의 거래 환경, 국가정책을 수반하는 지방자치단체의 창업지원 프로그램 등을 해당 업종과의 적합성을 고려하여 분석을 할 수 있다. 사회적 입지요인을 통해 도시계획, 국토이용계획과 같은 정부시책, 주거환경 조건, 풍부한 노동시장의 여건 등을 고려할 수 있다.

아이템 공감!   🗣 생활체육 이동식 노마드 시설

- 노마드(nomade, 유목민)의 개념을 차용한 원터치 설치식 생활체육 시설 아이템
- 아웃도어 여가를 즐기는 문화를 통해 원터치 텐트에서 차용
- 야외에서 간편하게 즐길 수 있는 풋살, 족구, 배드민턴 등 다양한 종목에 이용
- 사업구조

여기서 잠깐! **스포츠 시설의 입지를 찾아라!**

- 스포츠 시설의 입지
  - 가중치 이용법
    ① 고려해야 할 입지요인을 정함
    ② 입지요인의 중요도에 가중치를 결정함(모든 가중치의 합은 1이 돼야 함)
    ③ 각 입지의 요인점수를 부여함
    ④ 각 요인에 매겨진 요인점수와 가중치를 곱함
    ⑤ 가장 높은 점수의 입지를 선택함

예 제

나는 스포츠 센터를 입지를 찾고 있다. 주변 상권을 둘러보고 입지를 고려해보니 네 가지 대안
(A~D)이 나왔다. 가장 적합한 스포츠 센터의 입지는?

입지요인	가중치	A입지	B입지	C입지	D입지
시설물지대	0.5	80	70	85	90
상권형성	0.3	70	80	85	85
유동 및 거주인구	0.1	90	70	60	55
교통환경	0.15	80	70	60	60
노동환경	0.1	60	75	75	70
지역사회 태도	0.1	50	70	50	80

✔ 해설

A입지 $= (0.5 \times 80) + (0.3 \times 70) + (0.1 \times 90) + (0.15 \times 80) + (0.1 \times 60) + (0.1 \times 50) = 93$
B입지 $= (0.5 \times 70) + (0.3 \times 80) + (0.1 \times 70) + (0.15 \times 70) + (0.1 \times 75) + (0.1 \times 70) = 91$
C입지 $= (0.5 \times 85) + (0.3 \times 85) + (0.1 \times 60) + (0.15 \times 60) + (0.1 \times 75) + (0.1 \times 50) = 95.5$
D입지 $= (0.5 \times 90) + (0.3 \times 85) + (0.1 \times 55) + (0.15 \times 60) + (0.1 \times 70) + (0.1 \times 80) = 100$

✔ 정답
가장 큰 값을 나타낸 D입지가 가장 적합한 장소임

- 중력 모델법
  ① 시설의 매력도는 거리, 규모, 시간과 관련되어 있다.
  ② 거리가 늘어나면 이동하는데 필요한 비용도 증가한다.

③ 규모가 클수록 소비자를 더 많이 유인할 가능성이 커진다.

④ 규모가 작고 거리가 멀수록 매력도가 떨어진다.

$$A = \frac{S}{T^\lambda} = \frac{규모}{시간^{영향정도}}$$

- A: 매력도   - T: 이동시간
- S: 규모   - λ: 이동시간이 소비자 참여에 미치는 영향 정도(보통 값은 2)

예 제

나는 거주하는 지역에 헬스장을 운영하고자 한다. 상업지구에 임대 매물로 나온 장소를 찾아보니 네 가지 대안(A~D)을 도출했다. 유동인구가 많은 지점을 기준으로 가장 매력도가 높은 헬스장의 입지는?

A입지: 150평 규모, 15분 도보 거리
B입지: 200평 규모, 20분 도보 거리
C입지: 250평 규모, 25분 도보 거리
D입지: 300평 규모, 30분 도보 거리

✅ 해설

A입지: $150/15^2 = 150/225 = 0.67$ B입지: $200/20^2 = 200/400 = 0.50$

C입지: $250/25^2 = 250/625 = 0.40$ D입지: $300/30^2 = 300/900 = 0.33$

✅ 정답

내가 선택할 수 있는 입지는 매력도가 가장 높은 점수가 나온 A입지이다.

---

* 출처: 문개성(2019). 스포츠 경영: 21세기 비즈니스 미래전략. 박영사, P.241~242.

국내는 「기술의 이전 및 사업화 촉진에 관한 법률」에 따라 기술성을 평가하는 기관이 있다. 대표적으로 기술보증기금(www.kibo.or.kr), 중소벤처기업진흥공단(www.kosmes.or.kr) 등이 있는데 기술성을 평가할 때의 대표적인 기준은 네 가지로 분류해 우수, 보통, 불량 중 하나로 평가를 한다. 이 기준을 적용해 자사의 제품과 서비스가 기술적 타당성을 확보하고 있는지 자체적으로 파악해보는 것도 좋다.

① 기술성 수준

기존 제품과 비교한 기술의 수준 평가

② 기술 활용성

기존 제품과 비교한 활용도 평가

③ 기술 파급력

기술을 적용할 수 있는 범위 평가

④ 제품생산 가능성

국내 기술적 여건에 따른 제조 가능성 평가

8장에서 스포츠 창업과 관련한 법령을 살펴볼 것이다. 직·간접적으로 연관된 법령을 찾아보는 습관은 매우 중요하다. 우리나라는 손쉽게 법령을 찾아볼 수 있는 생활밀착형 검색 시스템이 매우 잘 돼 있다. 법제처(www.law.go.kr) 통해 키워드만 검색하면 쉽게 찾을 수 있고, 다운로드(한글, pdf 파일)를 비롯하여 전체 혹은 선택해서 일부만 출력을 할 수 있다. 궁금한 법 조항이나 정부의 정책, 제도 등의 근거를 알고 싶다면 언제든지 법령을 읽고 이해하는 과정을 습득하면 유용하다.

2. 시장성 분석

(1) 시장 동향 분석

시장성 분석은 우선 전반적인 시장 동향을 분석할 수 있다. 분석해야 할 대상은 무엇일까? 바로 시장규모, 시장특성, 소비자이다. 외적인 요인을 객관적, 전문적으로 평가해야 하므로 전문조사기관에 의뢰를 해도 좋다. 물론 조금만 노력하면 자체적인 분석도 가능하다.

① 시장의 규모 분석

- 현재 시장을 분석할 수 있다.

- 어떻게 성장했고, 현재는 어떤 규모이며, 앞으로 어떻게 될 것인가를 파악해 보자.

② 시장의 특성 분석

- 경쟁사의 강점과 약점을 찾을 수 있다.

- 어떤 생산방식을 통해 유통구조를 가졌는지, 경로별 마진을 어떻게 창출하고,

고유한 거래방식이 있는지를 찾아보자.

③ 소비자의 분석
 - 지역별, 연령별, 세대별, 성별에 따라 소비패턴을 분석할 수 있다.
 - 제품의 소비형태, 한 번 구매할 때의 소비단위, 다시 구매하는 순환시기를 파악해보자.

(2) 제품성 분석

제품성 분석을 위해선 제품의 수명주기(PLC, Product Life Cycle)를 이해해야 한다. 자사의 제품과 서비스가 과연 어느 정도의 수명을 가질 수 있을까. 또한 새로운 제품과 서비스를 통해 회사가 지속적으로 생명력을 불어넣을 수 있을까를 고민할 수 있다. 세계적 스포츠 용품회사인 나이키, 아디다스 등은 무수히 많은 상품이 시장에 나왔다가 사라진다. 하지만 소비자는 새로운 상품이 계속 출시되기 때문에 퇴출되는 상품에 대해 인지하지 못한다. 이와 같이 자사의 제품과 서비스의 수명주기를 면밀히 파악하는 것은 중요하다.

제품의 수명주기는 네 가지로 분류한다.

① 도입기(introduction stage)
 - 제품과 서비스가 시장에 출시된 후 얼마 안 되는 시점이다.
 - 7장 스포츠 서비스에서 제시할 내용으로 새로운 제품과 서비스의 시장출시는 매우 신중히 선택해야 하는 과제이다.
 - 초기 제작비용으로 인해 적자상태가 지속되는 시기이다.
 - 잠재적인 소비자를 찾기 위해 다양한 프로모션을 통해 인식을 높여야 하는 시기이다.

② 성장기(growth stage)
 - 표적화된 고객을 찾게 되면서 수요가 늘고 이익이 발생하는 시기이다.
 - 7장 STP에서 세분화 과정을 통해 시장을 분류하고, 표적시장을 찾는 과정을 제시한다.
 - 자사도 타사를 벤치마킹해서 올라섰듯이 신규 경쟁자가 자사를 모방하는 시기이다.

   – 시장에서 유사한 제품과 서비스가 등장하는 시기이다.
③ 성숙기(maturity stage)
   – 수요의 신장이 둔화되거나 멈추는 시기이다.
   – 새로운 소비자를 찾기 보다는 기존 고객이 다른 곳으로 가지 않도록 관리를
     해야 한다.
   – 판매 성장이 둔화되면 대체 제품을 새롭게 시장에 내놓을 준비를 해야 한다.
   – 타사 제품과의 차별화를 강조하고, 시장의 점유율을 빼앗기지 않도록 노력하
     는 시기이다.
④ 쇠퇴기(decline stage)
   – 매출이 눈에 띄게 감소하는 시기이다.
   – 이미 시장에서 생명을 다해가고 있는 단계이다.
   – 새로운 제품과 서비스를 시장에 내놓을 준비를 마쳐야 되는 시기이다.
   – 6장에 제시할 성장전략을 통해 생명을 연장할지, 과감한 퇴출을 할지 결정해
     야 한다.

그림 5-2

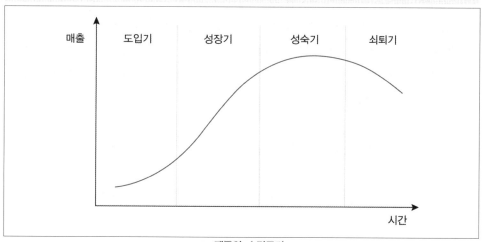

▲ **제품의 수명주기**

> **아이템 공감!** 아웃도어 스포츠 용품 탈·부착형 미세먼지 방지 목도리형 마스크

- 등산, 걷기 등 아웃도어 스포츠를 즐기는 수요는 증가하지만, 대기환경 오염 심화
- 모든 스포츠 용품에 손쉽게 탈·부착이 가능한 미세먼지 방지 목도리형 마스크 개발
- 목도리형 마스크 안에 시중에 판매하는 마스크가 쉽게 삽입되도록 고안(필터 기능)
- 사업구조

유사 아이템 연구 ⇩ 탈·부착기능 강화 ⇩ 시중 마스크 삽입 연구

(3) 경쟁성 분석

경쟁성 분석은 6장에서 제시할 경쟁 전략을 통해서 구체적으로 파악할 수 있다. 경쟁기업의 범위와 경쟁요소를 분석함으로써 자사가 갖는 시장에서의 경쟁적 지위를 분석할 수 있다. 앞서 언급한 기술성을 평가하는 기관에서 시장성을 평가하는 기준은 다음과 같다. 이 기준을 적용해 자사의 제품과 서비스가 경쟁성을 확보하고 있는지 자체적으로 파악해보는 것도 좋다.

① 시장성

시장의 수요, 규모, 증가율, 수입대체 효과 및 수출 가능성

② 경쟁력

유사 및 동종제품과의 경쟁관계, 가격경쟁력, 부가가치 생산성

③ 업무추진능력

사업자 경력, 사업자 능력 및 의지, 사업 준비, 자금조달능력

④ 재무구조

자본구성, 유동성, 수익성

아이템 공감!   프로스포츠 오심 최소화 및 재미 극대화를 위한 웨어러블 디바이스

• 구글 글래스와 같이 심판이 착용하기 편리한 기능성 웨어러블 장비 개발
• 심판의 시각에서 중계장면이 실시간 송출되어 관객으로 하여금 박진감 부여
• 카메라 중계의 사각지대 혹은 근접거리 촬영의 한계를 극복
• 사업구조

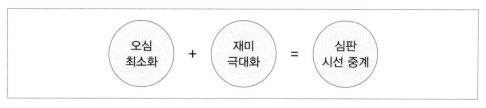

3. 재무 분석

재무관리(finance management) 기능은 투자결정기능, 자본결정기능, 배당결정기능이 있다. 재무관리를 잘 해야 어디에 얼마를 투자할지, 내부와 외부로부터 자본을 어떻게 조달할지, 수익에 대해 주주들에게 얼마나 배당할지를 결정할 수 있다.

재무 분석은 조직의 재무활동을 분석하여 경영활동의 건전성을 평가하고 조직 운영에 대한 의사결정에 도움을 준다. 대표적인 재무 분석과 근본적인 질문을 살펴보면 다음과 같다.

① 레버리지 비율

자기자본에 비해 부채가 너무 많지 않은가?

② 유동성 비율

단기부채를 감당할 유동자산이 충분한가?

③ 안정성 비율

설비투자가 과도하지 않은가?

④ 수익성 비율

얼마만큼의 이익을 달성하고 있는가?

⑤ 활동성 비율

자금이 얼마나 활발하게 순환하고 있는가?

(1) 레버리지 비율

레버리지 비율(leverage ratios)을 통해 자기자본에 비해 타인자본 즉, 빚이 많지 않은가를 살펴봐야 한다. 자본조달을 외부에서 잘하는 것도 중요한 일이지만, 빚을 적정선에 잘 관리 해야 한다. 기업 체질을 개선하기 위해선 자본금과 사내유보금을 늘리고, 부채를 줄여야 한다.

◼ 자기자본비율(%)

$$\frac{자기자본}{총자본}\times100 = \frac{자기자본}{부채+자본}\times100$$

- 자기자본비율이 높을수록 안정적인 회사의 자본구조를 나타내고, 50% 이상이면 이상적임
- 자기자본비율이 높은 회사는 안정된 재무구조를 갖추고 있으므로 새로운 사업에 도전할 수 있음

예제

나는 자기자본이 5천만 원이 있고, 은행에서 빌린 돈이 7천만 원이다. 자기자본비율을 통해 재무 안정성이 어떠한가?

✅ 해설

$$\frac{5}{7+5}\times100 = 41.7\%$$

✅ 정답

나의 자기자본비율(%)은 50% 미만이므로 재무 안정성이 좋지 않다. 내 돈을 늘리고 빚을 줄이는 방향으로 가야 한다.

(2) 유동성 비율

유동성 비율(liquidity ratios)은 유동부채를 감당할 유동자산이 충분한가를 보는 것이다. 유동부채는 1년 내에 갚을 수 있는 단기부채이고, 유동자산은 1년 내에 현금화할 수 있는 자산을 뜻한다. 단기 지불능력을 높이는 방법은 자본금과 당좌자산을 늘리고, 유동부채를 고정부채로 바꾸기 위한 노력을 해야 한다.

▣ 유동비율(%)

$$\frac{유동자산}{유동부채} \times 100$$

• 유동비율은 200% 이상이면 적정함
• 유동비율이 높으면 언제든 현금화할 수 있는 능력이 높지만, 현금이 있는데도 투자하지 않고, 쌓아놓기만 한다면 자산을 생산적으로 운용하지 못하는 것임

> **예 제**
>
> 내가 가용할 수 있는 유동자산은 3억 원, 유동부채는 1억 7천만 원이다. 유동비율을 통해 재무안정성이 어떠한가?
>
> ✅ 해설
>
> $\frac{3}{1.7} \times 100 = 176.5\%$
>
> ✅ 정답
>
> 나의 유동비율(%)은 176.5%로 200% 미만이므로 재무 안정성이 좋지 않다. 유동자산을 늘리고 유동부채를 줄이는 방향으로 가야한다.

(3) 안정성 비율

안정성 비율(stability ratios)은 고정자산의 투자가 균형 있게 잘 배분됐는가를 분석하는 것이다. 고정자산이란 1년 이내에 현금화하기 힘든 자산으로 설비투자 시설이 대표적이다.

▣ 고정비율(%)

$$\frac{고정자산}{자기자본} \times 100$$

• 통상 100% 이하이면 적정하지만, 업종에 따라 차이가 있음
• 고정비율이 높은 업종은 제조업이고, 낮은 업종은 설비투자가 많지 않은 판매업, 은행업 등이다. 스포츠 용품업은 고정비율이 높지만, 유통 및 서비스업은 상대적으로 낮음

예 제

나의 자기자본은 2억 원인데 내가 보유한 점포 가치는 3억 5천만 원으로 평가받고 있다.
고정비율을 통해 재무 안정성이 어떠한가?

✔ 해설

$$\frac{3.5}{2} \times 100 = 175\%$$

✔ 정답

나의 고정비율(%)은 175%로 100%를 초과하므로 재무 안정성이 좋지 않다. 내 돈을 최소
한 3억 5천만 원까지 확보해야 한다.

(4) 수익성 비율

수익성 비율(profitability ratios)은 조직이 투자한 자본대비 이익 달성도를 측정하는 것
이다. 수익성 비율은 대표적인 결산서인 손익계산서와 대차대조표를 통해 파악할 수 있다.
기업의 수익을 높이기 위해선 경상이익을 높이고, 합리적인 판매비와 관리비를 지출하
도록 노력해야 한다.

▣ 매출액 영업이익률(%)

$$\frac{영업이익}{매출액} \times 100 = \frac{[매출총이익 - (판매비 + 관리비)]}{매출액} \times 100$$

- 손익계산서에서 매출액 가운데 영업이익이 얼마나 되느냐를 비율로 나타내는 분석지표이다.
- 영업활동에 의한 경영성과를 판단하기 위한 수익성 지표이고, '판매마진'이라고 부른다.
- 매출총이익이 높을수록, 판매비와 관리비가 적게 들수록 매출액 영업이익률이 높아진다.
- 매출액 영업이익률이 높을수록 좋고, 높다는 것은 매출액에 비해 영업이익이 높아 영업
  성과가 좋다는 것을 의미한다.

예 제

나의 회사 연 매출액이 작년에는 3억 원이 발생했고, 판매비와 관리비를 제외한 영업이익을 살펴보니 1억 원이었다. 올해는 연 매출액이 3.5억 원이 발생했고, 영업이익은 1.1억 원이다. 영업이익률이 작년과 올해 비교했을 때 언제가 높은가?

✔ 해설

- 작년 : $\dfrac{1}{3} \times 100 = 33.3\%$

- 올해 : $\dfrac{1.1}{3.5} \times 100 = 31.4\%$

✔ 정답

작년 영업이익률(%)이 올해보다 근소하게 수익성 비율이 높다. 연 매출액은 올리되, 판매비와 관리비를 낮출 수 있는 방안을 찾아야 한다.

▣ 매출액 경상 이익률(%)

$$\frac{경상이익}{매출액} \times 100 = \frac{영업이익 + 영업외수익 - 영업외비용}{매출액} \times 100$$

• 손익계산서에서 경상이익 매출액이 얼마나 되는가를 비율로 나타내는 수익성 지표로 '경상이익'이라고 한다.
• 수치가 높을수록 수익성이 좋다.

예 제

나의 연 매출액은 10억 원이다. 단, 매출원가는 3억 원이 발생했고, 회사를 운영하는데 필요한 판매비와 관리비는 3억 원을 지출했다. 또한 영업외수익은 2억 원, 영업외비용은 1억 원으로 집계됐다. 이 경우 경상이익률(%)을 통해 수익성 비율을 평가하시오.

✔ 해설

$$\frac{(10-3)-3+2-1}{10} \times 100 = 50\%$$

✔ 정답 자사의 경상이익율(%)은 50%이다.

◾ 총 자산 순 이익률(%)

$$\frac{당기순이익}{총자산} \times 100$$

• ROA(Return on Assets)라고 불린다.
• 대차대조표에 나타난 총 자산과 손익계산서에 나타난 당기순이익을 통해 분석한다.

예 제

나의 회사 총 자산은 5억 원이고, 당기순이익은 5천만 원일 때 ROA를 구하시오.

✔ 해설
$(0.5/5) \times 100 = 10\%$

✔ 정답
자사의 ROA는 10%이다.

---

(5) 활동성 비율

활동성 비율(activity ratios)은 기업이 얼마나 자금을 잘 회전하며 효율적으로 활용하고 있는가를 살펴보는 것이다. 수익성 비율과 같이 손익계산서와 대차대조표를 통해 분석할 수 있다. 기업의 재무 활동성을 높이기 위해선 설비투자, 재고자산, 매출채권을 줄이고 자금 회전 속도를 높이기 위한 노력을 해야 한다.

◾ 총 자산 회전율(회)

$$\frac{연간매출액}{총자산}$$

• 기업경영에서 자금이 얼마나 활발하게 순환하는지를 나타내는 재무 활동성 지표이다.
• 회전율을 높이려면 매출액을 올리거나 총자산을 줄여야 한다.

예 제

나의 회사의 작년 매출액은 10억 원, 총 자산은 8억 원이다. 반면, 올해 매출액은 11억 원, 총 자산은 9억 원일 때 총 자산 회전율을 통해 활동성 지표를 분석하시오.

✅ 해설

- 작년 : 10/8＝1.25
- 올해 : 11/9＝1.22

✅ 정답

작년에 비해 올해가 매출액과 자산이 각각 1억 원이 늘었지만, 작년의 재무 활동성 지표가 조금 좋다. 즉, 매출을 10% 늘리는 것보다 총자산을 10% 줄이는 쪽이 더 효과적이다.

---

4. 경제성 분석

(1) 손익분기점

경제성 분석은 대표적으로 손익분기점(BEP, Break-Even Point)과 순현재가치법(NPV, Net Present Value Method)을 통해 분석할 수 있다. 우선 손익분기점을 살펴보자. 손익분기점은 수익과 비용이 일치하여 이익과 손실이 발생하지 않는 분기점을 의미하는데, 이 시기를 객관적으로 분석해야 한다. 지출비용은 고정비와 변동비로 구분할 수 있다. 고정비는 공장 건물 화재 보험료와 같이 생산량에 상관없이 지출해야 하는 비용이고, 변동비는 인건비, 광열비와 같이 생산량에 따라 늘어나거나 줄어들 수 있는 비용이다. 예제를 통해 이해해 보자.

▣ 손익분기점

$$\text{• 손익분기점(판매량)} = \frac{FC}{p-v} = \frac{\text{고정비}}{\text{상품단위판매가격} - \text{판매상품단위당변동비}}$$

- 손익분기점(금액)$= \dfrac{FC}{1-(v/p)} = \dfrac{고정비}{1-(판매상품단위당변동비/상품단위판매가격)}$

예 제

나의 스포츠 용품회사에서 판매가격이 5만 원으로 책정된 제품을 출시하고자 한다. 이 제품을 생산하기 위해 고정비 3천만 원과 단위당 2만 원의 변동비가 소요된다. 얼마나 팔아야 손익분기점에 도달하고, 얼마의 매출이 발생해야 손익분기점에 도달하는가?

✅ 해설

- 손익분기점(판매량)$= \dfrac{FC}{p-v} = \dfrac{고정비}{상품단위판매가격-판매상품단위당변동비}$

  $=30,000,000/(50,000-20,000)=1,000(개)$

- 손익분기점(금액)$= \dfrac{FC}{1-(v/p)} = \dfrac{고정비}{1-(판매상품단위당변동비/상품단위판매가격)}$

  $=30,000,000/1-(20,000/50,000)=5천만\ 원$

---

(2) 순현재가치법

순현재가치법은 미래의 모든 현금 흐름을 적절한 할인율을 적용하여 산출한 현재가치이다. 단일투자안일 때는 NPV가 0(zero)보다 크면 투자를 결정하고, 복합투자안일 때는 가장 큰 NPV를 투자 안으로 선택한다. 예제를 통해 이해해보자.

◾ 순현재가치법

$$NPV = \sum \frac{CFt}{(1+R)^t} - I_0 = \frac{현금흐름}{(1+할인율)^{시점}} - 최초투자액$$

예 제

나는 스포츠센터를 운영하기 위해 상가 임차비용과 리모델링 비용을 합쳐 최초 투자금액이 1억 5천만 원을 예측했다. 이 금액의 3년 후 현금흐름이 3억 원이다. 순현재가치법으로 계산한 후 투자를 결정하시오. (단, 할인율 10%)

✔ 해설

$$\frac{300{,}000{,}000}{(1+0.1)^3} - 150{,}000{,}000 = 75{,}394{,}440원$$

✔ 정답

NPV > 0 이므로 투자를 결정한다.

제**6**장

스포츠 경영 전략

제 1 절   전략 경영

1. 미션

조직은 2명 이상의 특별한 목적을 가진 체계적인 인간의 집합체이다. 조직을 구성했다는 것은 구성원끼리 당장 해야 할 일과 앞으로 가야할 길을 서로 공유를 하고 있다는 것과 같다. 공유가 되지 않았다는 것은 공감(共感)을 하지 않았다는 것이다.

공감이란 기본적으로 남을 존중하고 배려하는 자세에서 나온다. 조직 안팎에는 고객이 두 부류가 있다. 하나는 외부 고객이고 또 다른 하나는 내부 고객이다. 조직은 궁극적으로 외부 고객을 감동시켜 이윤을 창출할 수 있는 자원으로 유도한다. 외부 고객 못지않게 중요한 고객은 바로 내부 고객 즉, 조직 내 구성원이다.

그렇다면 해야 할 일과 앞으로 가야 할 길을 공유하기 위해서는 '무조건 나를 따르라.'라는 식의 공감대는 힘을 발휘하기에 한계가 있을 것이다. 공감을 통한 공유의식, 조직 문화에서 아주 중요한 가치이다.

그럼, 정확히 무엇을 공유해야 할까? 가장 중요한 가치는 '미션(mission)'이다. 즉, 현재적 가치이다. 우리말로 사명이란 뜻의 미션을 부정하거나 공유하기 못하게 되면 조직의 존재자체가 무의미하다는 것을 의미한다.

스포츠 마케팅을 연구하는 매튜 생크(Matthew D. Shank, 2009)는 미션을 네 가지 질문을 통해 이해하고자 했다.

① 우리는 어떠한 사업을 하고 있는가?
② 우리의 현재 소비자는 누구인가?
③ 우리의 시장범위는 어떻게 되는가?
④ 우리 소비자가 원하는 바를 어떻게 만족시킬 것인가?

Start-Up Tip!

• 자신은 미션의 개념을 이해하는가.
• 자신이 구상한 미션을 직원들과 완벽하게 공유하고 있는가.
• 조직 구성원 중 아무나 붙잡고 미션을 얘기하라고 하면 공통된 내용이 도출되는가.

• 현재적 가치, 미션을 이해하고 당장 수행해야 할 직무의 양과 범위를 결정해야 한다.

2. 비전

'비전(vision)'은 무엇일까? 미션이 현재적 가치라면 비전은 미래적 가치이다. 즉, 앞으로 어떤 모습으로 우뚝 서겠다는 포부가 담겨 있는 것이다. 물론 미션이 선행조건이 된다. 미션이 잘 수행되어야만 비전이 가능하다는 얘기다. 이 역시 구성원 간 공감을 바탕으로 한 공유 하에 이루어져야 한다. 웬만한 회사 홈페이지를 방문하면 미션과 비전이 게재돼 있다. 간혹 없는 데도 있고, 잘못된 개념으로 정리한 곳을 발견하게 된다. 이 지점부터 명확하게 정리를 잘 해야 할 것이다.

생크는 비전에 대해서도 네 가지 질문을 던졌다.

① 우린 어디를 향해 가고자 하는가?

② 우린 어떤 사업의 범주에 속하고자 하는가?

③ 우리가 만족시켜야 할 소비자들이 원하는 바는 무엇인가?

④ 미래를 위해 필요한 역량은 무엇인가?

아이템 공감! **스포츠 엘리트 은퇴자 멘토 연결 서비스 애플리케이션**

• 소비자의 자세 조정(셀프 촬영), 실력향상 등의 수요를 생산자(멘토)에게 연결
• 멘토는 지식을 제공, 개런티 수령하고 소비자는 콘텐츠를 받고 사용료 지불
• 사업구조

Start-Up Tip! 🗣

• 자신은 비전의 개념을 이해하는가.
• 자신이 구상한 비전을 직원들과 완벽하게 공유하고 있는가.
• 조직 구성원 중 아무나 붙잡고 비전을 얘기하라고 하면 공통된 내용이 도출되는가.
• 미래적 가치, 비전을 이해하고 앞으로 어떤 위상을 갖춘 조직이 될지를 결정해야 한다.

---

3. 전략 경영 프로세스

전략(strategy)이란 어원은 '군대를 이끈다.'라는 뜻의 그리스어 '스트라테고스(strategos)'에서 유래됐다. 군대는 일사분란하게 움직여야 하는 당위성을 가진 특수한 집단이다. 민주적 절차에 의해 매사 의사결정을 할 수 없는 특성을 가졌다.

일반 조직도 마찬가지이다. 군대처럼 명령계통에 의해서만 기업을 움직일 수는 없지만, 급변하는 불확실성을 신속하게 대처하기 위해 전략이 동원될 수밖에 없다. 조직의 목적을 달성하기 위해 다른 기업과 차별화될 수 있는 환경을 만들고, 복잡하고 다양한 기업의 내·외부환경을 극복하기 위해서 더욱 그러하다.

이 개념에 경영을 더해 '전략 경영(strategic management)'이 제시됐다. 조직 목표를 달성하기 위한 여섯 가지 단계를 살펴보면 다음과 같다.

① 미션과 비전의 공유
② 외부환경(기회, 위협) 분석
③ 내부환경(강점, 약점) 분석
④ 전략 수립
⑤ 전략 수행
⑥ 결과 평가

그림 6-1

▲ 전략 경영 프로세스

저명한 경영학자인 마이클 포터(Michael Porter)는 전략이란 조직의 여러 활동들을 결합해 독특하고 가치 있는 전략적 지위(strategy position)를 창출해 내는 것이라 했다. 이 전략을 제대로 수행하기 위해선 우선 미션과 비전을 공유해야 함을 다시 강조한다.

4장에서 다룬 SWOT 분석은 미션과 비전이 공유된 후 시행해야 한다. 이 중에서도 외부환경을 먼저 분석한다. 즉, 시장으로부터의 기회와 위기를 먼저 파악하고, 자사의 강점과 약점을 분석한다. 이후, 전략을 수립해야 한다.

계획(Plan), 실행(Do), 통제(See)의 세 가지 축으로 놓고 바라봤을 때 계획에 해당하는 부분이 미션·비전 공유, 외부환경 분석, 내부환경 분석, 전략 수립까지이다. 즉, 실행하기 전까지 얼마나 신중을 기해야 하는가를 반증한다.

전략을 수립하기 위해선 본 장에서 다룰 경영 전략(성장 전략, BCG 매트릭스, 경쟁 전략)과 7장에서 다룰 마케팅 전략을 통해서 그림을 짜게 된다. 그리고 나서 실행을 하고, 결과를 평가하는 것이다. 1장에서 다뤘던 현대 경영학에서 경영의 기능과정(계획, 조직, 지휘, 통제)의 개념과 유사하다.

아이템 공감!   참여 스포츠 소비자와 생활체육시설 서비스 연결 애플리케이션

• 생활체육시설(공공, 민간) 서비스의 실시간 일정, 가격 및 시설수준 소개
• 공공체육시설(지자체), 영리목적으로 하는 체육시설업(민간) 유도
• 참여 스포츠 소비자 평가, 할인, 커뮤니티 형성

• 사업구조

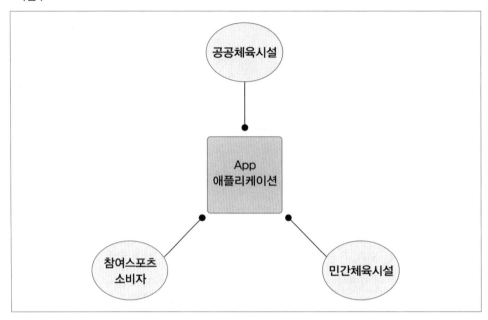

• 자신은 미션과 비전을 명확히 설정하고, 직원들과 공유했는가.
• 자신은 냉정하게 외부와 내부환경을 분석했는가.
• 자신은 비로소 전략을 수립할 준비가 되어 있는가.
• 내부의 큰 울타리(미션 · 비전 설정과 공유, 내부환경 분석)와 외부의 큰 울타리(외부환경 분석, 법적 · 제도적인 인 · 허가 절차)를 설치 완료했다고 판단되면, 다음 단계인 전략을 수립해야 한다.
• 스포츠 경영 전략과 마케팅 전략을 통해 자사의 전략을 냉철하게 세워야 한다.

제 2 절 경영 전략

1. 성장 전략

성장 전략은 '경영 전략론의 아버지'라 불리는 이고르 앤소프(Igor Ansoff)에 의해 유명해진 이론이다. 4장 창업 모델 개발에서 제품과 서비스 아이디어를 발굴할 때 사용할수 있다. 물론 앞서 언급한 것처럼 전략을 수립하기 위한 판단 도구이다.

성장 전략을 이해하기 위해서는 두 가지 제품의 개념과 두 가지 시장의 개념을 나타낸 앤소프 매트릭스를 이해해야 한다.

① 제품: 기존제품, 신규제품
② 시장: 기존시장, 신규시장

▲ 앤소프 매트릭스

창업 아이디어 선정의 원칙(4장)에서 성공할 확률이 높고 실패할 확률이 낮은 업종을 선택하는 것이 좋다고 했다. 특히 소규모 창업에서는 말이다. 기존 상품의 기능, 디자인 등을 개선해 소비자의 관심을 유도하는 방식이 많은 투자를 앞세워 시장을 독점하고자 하는 방식보다 유리하다고 했다. 이 경우는 '기존제품'을 갖고 '기존시장'에서 승부를 겨루는 것이다.

예를 들어보면 2007년 미국의 애플은 세계 최초로 스마트폰을 출시했다. 새로운 분야를 개척하는 선도자(퍼스트 무버, Firtst Mover) 역할을 했다. 우리나라의 대표적 글로벌 기업인 삼성전자는 2009년 스마트폰을 선보였다. 삼성전자 입장에서는 스마트폰이라고 하는 이미 시장에 나온 '기존제품'을 애플이 이미 판을 깔아놓은 '기존시장'에 뛰어드는 격이다.

이런 경우, 어떻게 해야 하는가? 바로 시장에 침투해야 한다. 보다 개선된 기능, 디자인과 합리적인 가격 등을 통해 시장침투 전략(market penetration strategy)을 구사해야 하는 것이다. 소규모 스포츠 창업을 위해 체력 단련장(피트니스 센터)으로 시작한다고 가정하자. 다수가 운용하고 있는 '기존제품'으로 이미 참여 스포츠 소비자가 제품과 서비스에 대해 알고 있는 '기존시장'에서 오픈하는 것이다.

그렇다면 시장침투전략은 어떤 종류가 있을까? 우선 떠올릴 수 있는 것은 가격정책이다. 7장에서 다룰 전통적 마케팅 믹스인 4P(product 제품, price 가격, place 장소, promotion 촉진)와 디지털 마케팅 시장에서 새롭게 떠오르는 4C(co-creation 공동창조, currency 통화, communal activation 공동체 활성화, conversation 대화)를 전술로 찾을 수 있다. 또한 성능, 디자인, 서비스, 프로그램 등의 개선이 있다.

제품개발 전략(product development strategy)의 예를 들어보자. 스포츠 미디어업은 '기존시장'에서의 활동을 한다. 소비자 대신 정보를 수집하고 전달하는 역할을 한다. 한 해 누적 관람객 규모가 800만 명을 웃도는 국내 프로야구 소비자군(群)을 대상으로 새로운 차원의 제품을 개발했다고 가정해보자.

누구나 다 소유하는 스마트폰에는 다양한 목적과 기능을 가진 애플리케이션이 있다. 프로야구의 경기일정과 같은 기초적인 정보는 물론이고, 전문가 수준의 고급정보까지 공유하는 플랫폼을 개발했다고 하자. 또한 선수, 팀, 감독, 코치마다 고유의 특성을 분석해 두 팀 간의 경기가 치러질 때마다 분석 자료를 탑재할 수도 있다. 팬 층을 보유한 선수의 가십, 징크스, 선행활동 등 경기 외적인 이슈까지 넘나드는 서비스를 포함할 수도 있다.

이러한 제품과 서비스는 스포츠 미디어업이 존재하는 '기존시장'에 새로운 차원의 접근이 가능한 '신규제품'이 소개되는 것이다. 이러한 경우 제품을 개발해야 하는 전략이 요구된다.

통신사로 다시 돌아와서 시장을 개척(market development)하는 경우의 예를 보자면, 지금은 시장에 찾아보기 힘든 2G 폴더폰이 한동안 시장에서 살아남았던 이유는 고령화 사회란 새로운 시장이 있었기 때문이다. 지금은 나이 불문하고 스마트폰 활용에 익숙해져 있지만, 초창기에는 '신규시장'이 '기존시장'으로 넘어가기까지 수요가 있었던 것이다. 즉, 통신사 요금과 묶어 폴더폰을 무료로 판매하는 가격 패키지 전략을 통해 제품생산을 기존대로 진행했던 것이다. 이 경우 '기존제품'을 갖고 '시장개척'을 한 경우다.

다시 스포츠 창업으로 돌아와서 예를 들어보자. 스포츠 에이전트업은 2014년 국가에서 NCS(국가직무능력, National Competence Standards)의 직무를 개발하는 과정을 통해 탄생했다. 국내 프로축구 시장에서만 허용됐던 에이전트업이 2018년부터는 프로야구에서도 허용하게 됐다. 즉, '기존시장'이 있었던 셈이다. 스포츠 에이전시, 스포츠 매니지먼트사 등으로 불리는 선수관리 민간 시스템으로서는 새로운 시장이 열린 것이다.

또한 국내 대학야구 선수들의 프로리그 진출이 현격히 줄어들고 있다. 프로시장에서는 보다 젊은 선수들을 선호하기 때문이다. 고등학교를 갓 졸업한 선수(제품)를 입단하게 하고, 각종 서비스(훈련을 통한 선수기량 증진, 체계적 관리 등)를 가미해 상품으로 만들기 위해 하루빨리 손을 쓰고자 한다.

이러한 측면을 간파해 중국 프로야구(CBL) 시장을 노린다면 어떨까? 중국은 프로축구 시장의 열기는 상상을 초월하지만, 2002년부터 시작해 현재 10개 내외의 구단으로 운영되는 프로야구는 성장 가능성만 농후한 상태이다. 진로가 막막했던 한국대학야구 선수들의 중국 프로야구 진출의 중간상 역할을 하는 에이전트는 새로운 시장을 찾는 것이다. 즉, '기존제품'을 갖고 '신규시장'을 두드리게 되고, 성사되면 '시장개척'이 이루어진다.

2014년 '국민체육진흥법' 일부개정을 통해 2015년부터 첫 선을 보인 스포츠지도사 국가자격증 개편에는 장애인·유소년·노인 스포츠지도사가 신설됐다. 국가 차원에서 새로운 시장을 염두 하며 '제품개발'을 하게 됐다. 이러한 자격증을 취득하고 신규시장을 찾아나서는 경우, '신규제품'과 '신규시장'이 만나는 지점이 된다. 이 경우 '다각화' 전략을 통해 여러 측면을 고려해야 한다.

다각화 전략은 말 그대로 여러 가지 대안을 모색하는 것이다. 이 장에서 논의 중인 경영 전략과 7장에서 제시할 마케팅 전략의 충분한 이해를 통해 도출할 수 있다.

여기서 잠깐! **성장 전략을 요약하여 이해하자!**

- 시장침투 전략은 현재의 제품과 시장 영역에서 시장점유율을 높이는 성장 방향을 의미함
- 제품개발 전략은 기존 시장의 점유율을 높이기 위해 기존 제품을 대체할 새로운 제품을 개발하는 성장방향을 의미함
- 시장개척 전략은 기존 제품으로 새로운 시장을 개척하는 성장 방향을 의미함
- 다각화 전략은 새로운 제품으로 새로운 시장을 공략하는 성장 방향을 의미함

아이템 공감! **민간 심판 에이전시**

- 다양한 계층, 세대별 생활스포츠 경기에 필요한 민간 심판 수급 시스템
- 유아체육, 초·중·고, 성인 및 노인에 이르기까지 체육활동 심판
- 카카오택시처럼 요청, 섭외, 승인 등 신속하고 일괄적인 서비스 제공
- 사업구조

Start-Up Tip!

- 자신은 성장 전략을 이해하는가.
- 자신의 기업은 기존제품에 초점을 맞추는가, 혹은 신규제품에 초점을 맞추는가.
- 자신의 기업은 기존시장에 초점을 맞추는가, 혹은 신규시장에 초점을 맞추는가.
- 자신의 기업은 시장침투에 자신이 있는가, 제품개발에 자신이 있는가, 시장개척에 자신이 있는가, 혹은 다각화에 자신이 있는가.
- 국내 스포츠산업 분류(스포츠 시설업, 스포츠 용품업, 스포츠 서비스업)를 놓고, 제품과 시장에 대해 다시 한 번 진중한 고민과 분석을 해야 한다.

2. BCG 매트릭스

기업가 브루스 핸더슨(Bruce Henderson)이 설립한 보스턴컨설팅그룹(BCG, Boston Consulting Group)에서 유명한 BCG 매트릭스를 창안했다. 미래를 예측하면서 재무와 성장을 연결시킬 수 있다면 '지속가능한 성공가능성'이 있다고 판단했다.

컨설팅 역사에서 매우 중요한 BCG 매트릭스를 '성장-시장 점유율 매트릭스(growth-share matrix)'라고도 불린다. 그림에서 보면 미래의 성장 가능성(세로축)과 현재의 시장 점유율(가로축)을 통해 분석하기 때문이다.

그림 6-2

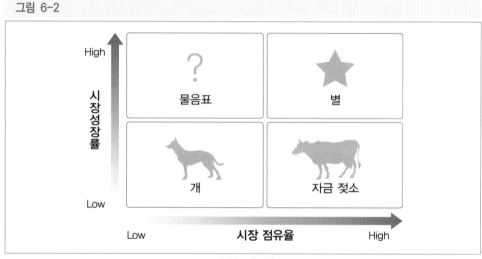

▲ BCG 매트릭스

네 개의 면을 통해 이해해보자.
① 별(Star) 사업부
② 자금 젖소(Cash Cow) 사업부
③ 물음표(Question Mark) 사업부
④ 개(Dog) 사업부

별 사업부에 해당되는 사업이 있다고 가정해보자. 이를 전략사업단위(SBU, Strategy Business Unit)라고 부른다. 삼성전자가 몇 해 전 세계의 점유율을 놓고 선두를 달릴 때 스마트폰 시장의 성장 가능성은 그 어느 때보다 높았다. 이 지점이 바로 별 사업부에 속한 전략사업단위가 된다.

별 사업부는 성장을 주도하는 시장선도자 역할을 하게 된다. 수익이 많이 창출되지만 누구나 다 뛰어들고 싶어 하는 사업이므로 경쟁자를 막기 위해 투자를 지속해야 한다. 이를 두고 '돈 먹는 벌레'라는 표현도 한다. 다시 말해 전략사업단위를 확대(build)하거나 유지(hold)하는 전략을 구사해야 한다.

스포츠 용품업체를 예로 들어보자. 종목별로 웬만한 제품을 생산, 유통시킬 수 있는 규모가 큰 기업일지라도 항상 똑같은 수량을 생산할 필요가 없다. 시장 점유율과 시장 성장률이 높은 별 사업부에 해당되는 종목만을 선택해 생산라인을 집중시켜야 한다.

지금 젖소 사업부는 어떠한가? 삼성전자의 스마트폰 시장이 예전만 하지 못하다. 중국의 저가폰 공세가 만만치 않고, 접고 펴는 폴더블 기능, 유연하게 구부리고 펴는 플렉서블 기능을 뛰어넘어 웨어러블 시장의 확대도 예상해야 하는 시점이다. 다시 말해 현재 기능, 디자인의 스마트폰 시장의 성장 가능성이 낮아지고 있다. 즉, 시장 점유율은 높고 시장 성장률은 낮아졌다면 지금 젖소 사업부에 속한 전략사업단위가 된다.

유명한 새우깡도 마찬가지다. 수십 년 전통을 지닌 과자 시장 중에서 칩, 스낵, 쿠키 시장 등을 비롯해 다양한 종류의 과자가 생산·유통된다. 시장 성장률이 특별히 새우깡으로 대표되는 과자 종류의 시장 성장률이 높아지지는 않는다. 그럼에도 불구하고 시장 점유율이 높기 때문에 생산을 중단할 이유가 없다.

즉, 자금 젖소 사업부에 속한 전략사업은 유지(hold)만 해도 이윤이 창출된다. 스포츠 시설 운영업을 통해 헬스, 요가, 필라테스, 댄스 등 다양한 종목의 프로그램을 한다고 하더라도 똑같은 투자를 할 이유가 없다. 예를 들어 종목별로 동일한 인원의 스포츠 강사를 둘 필요가 없는 것이다. 헬스 프로그램이 자금 젖소 사업부에 속한다고 판단되면 수강자 수요 대비 적정 인력을 투입하면 된다. 만약 필라테스가 향후 계속 성장할 것 같은 프로그램이라고 판단되고, 현재 인근 업종에 비해 점유율이 높다고 하면 과감히 인력을 투입해 프로그램 횟수, 가격, 품질 등을 조정할 필요가 있다. 결론적으로 자금 젖소에 창출된 수익을 별 사업부에 투자해야 하는 구조가 된다.

물음표 사업부에 속한 전략사업단위의 위치는 현재 시장 점유율은 낮지만, 시장 성장률이 높은 곳에 있다. 이 경우 말 그대로 고민이 뒤따를 것이다. 확대(build)할지, 수확(harvest)할지, 철수(divest)할지를 말이다. 마지막으로 개 사업부에 속한 전략사업단위는 시장 점유율과 성장률이 모두 낮기 때문에 수확(harvest)하거나 철수(divest)를 해야 한다.

만약 프로스포츠 리그를 주관하는 '스포츠의 마케팅' 주체는 9개 구단으로 운영할지, 10개 구단으로 운영할지를 놓고 고민할 수 있다. 즉, 각각의 구단이 전략사업단위(SBU)로 바라볼 수 있다. 팬 층도 너무 희박하고 구단 성적과 인기를 종합 분석했을 때 성장가능성도 거의 없다고 판단되면 개 사업부에 속한다. 이럴 경우 어떻게 할 것인가? 계속 10개 구단을 유지해야 할 것인가? 2군으로 강등시켜 9개 구단의 리그 운영에 초점을 맞추어야 한다.

여기서 잠깐!	BCG 매트릭스를 요약하여 이해하자!

- 별 사업부는 높은 시장 점유율과 높은 시장 성장률을 나타내므로 SBU를 확대 혹은 유지함
- 자금 젖소 사업부는 비록 시장 성장률은 낮지만 높은 시장 점유율을 나타내므로 SBU를 유지함
- 물음표 사업부는 비록 시장 성장률은 높지만 낮은 시장 점유율을 나타내므로 SBU를 확대, 수학, 철수할지를 고민해야 함
- 개 사업부는 시장 점유율과 시장 성장률이 낮으므로 SBU를 일부 거둬들이거나 철수해야 함

Start-Up Tip!

- 자신은 BCG 매트릭스를 이해하는가.
- 기업의 전략사업단위는 몇 개인지 생각해봤는가.
- 자신은 전략사업단위를 BCG 매트릭스에 분포시켜봤는가.
- 별 사업부에 속한 사업에 대해 투자는 지속되고 있는가.
- 자금 젖소 사업부에 속한 사업을 안정적으로 유지시키고 있는가.
- 경영의 기능을 계획, 조직, 지휘, 통제라고 제시했다. 이 과정을 분기별, 반기별, 연도별로 원활하게 잘 돌아가는지 피드백해야 하듯이 BCG 매트릭스 분석도 기간을 정하여 평가와 분석이 이루어지도록 해야 한다.

3. 경쟁 전략

마이클 포터(Michael Porter)가 제시한 다섯 가지 경쟁요소는 다음과 같다. 이는 아무리 잘 나가는 기업도 시장에선 늘 경계하거나 적극 넘어서고 극복해야 할 요인이다.

① 기존 경쟁자

② 공급자 협상력

③ 구매자 협상력

④ 대체재

⑤ 신규 진입자

시장에는 기존 경쟁자가 있기 마련이다. 2007년 혁신적 기술을 통해 세상에 첫 선을 보인 애플의 스마트폰은 기존 경쟁자에게는 없는 제품과 서비스의 개념이기도 하지만, 기존 핸드폰 시장 입장에서 바라보면 신규 진입자가 들어온 것이다. 이 신규 진입자는 수많은 부품의 공급자와의 협상력을 통해 합리적 가격을 책정하고 한 번도 사람들이 듣도 보도 못했던 대체재를 들고 나타난 것이다. 남은 것은 잠재적인 구매자와의 협상력이다. 출시 당시 많은 마케터들은 시장에서 성공을 장담할 수 없다고 했지만, 이젠 생활필수품으로서 가치를 지녔다.

포터는 본원적 경쟁 전략으로 다음과 같이 제시했다.

① 차별화 전략

② 비용우위 전략

③ 집중화 전략

차별화 전략은 제품외관, 성능, 서비스 등 경쟁사보다 우위에 서 있어야 하는 것이다. 벤치마킹을 통해 유사한 제품은 시장에 쏟아진다. 여기서 눈에 띄기 위해선 기존 경쟁자의 제품과 서비스에 비해 달라도 뭔가는 달라져 있어야 한다. 물론 사람들의 관심을 갖게끔 말이다.

비용우위 전략은 경쟁사보다 가격측면에서 우위에 서 있어야 하는 것이다. 즉, 저렴한 가격이 중요하다는 얘기다. 투입비용, 제품설계 등에 필요한 비용을 절감하여 어떻게 하면 낮은 가격으로 책정할 수 있을지를 고민해야 한다.

집중화 전략은 고객집단이 독특한 욕구를 갖고 틈새시장(niche market)을 공략할 수 있어야 하는 것이다. 세분화를 통해 시장을 분류하다보면 표적화할 고객층을 발견할 수 있다. 덧붙여 뜻하지 않게 공략할만한 시장이 발생할 수도 있다.

Start-Up Tip!

- 자신은 기존 경쟁자가 누구인지 정확히 파악하는가.
- 자신은 공급자(부품, 용역, 서비스 등)와의 협상을 잘 할 수 있는가.
- 자신은 구매자(기존고객, 신규고객, 잠재고객 등)와의 협상을 잘 할 수 있는가.
- 기존 경쟁자의 제품과 서비스를 대체할 수 있는가 혹은 자신의 것을 대체할 수 있는 제품과 서비스를 경계해본 적이 있는가.
- 잘되는 시장에서는 새로운 진입자로 넘쳐날 수 있다는 생각을 하는가.

제 **7** 장

스포츠 마케팅 전략

제 1 절   마케팅 전략

1. 마케팅 경영관리

① 미션과 비전의 공유: 당장 해야 할 일과 앞으로 가야할 모습을 공유했는가?
② 외부환경(기회, 위협) 분석: 시장으로부터의 기회와 위협을 분석했는가?
③ 내부환경(강점, 약점) 분석: 자사의 강점과 약점을 분석했는가?
④ 전략 수립: 성장전략, BCG 매트릭스, 경쟁 전략을 통해 전략을 수립했는가?
⑤ 전략 수행: 계획에 맞춰 체계적으로 전략을 수행했는가?
⑥ 결과 평가: 결과를 평가하고 제대로 돌아가는지 피드백을 했는가?

6장에서 제시한 전략 경영의 단계이다. 전략 수립은 본 장에서 다룰 마케팅 전략을 통해 보강될 수 있다. 경영·마케팅 분야의 유명한 학자인 필립 코틀러(Philip Kotler)는 마케팅 경영관리를 위한 단계를 제시했다. 결론적으로 얘기하면 전략 경영 단계와 유사한 패턴을 읽을 수 있다. 더욱이 1장에서 다루었던 경영의 기능(계획, 조직, 지휘, 통제) 과정도 마찬가지이다. 즉, 2명 이상으로 구성돼 특정한 목표를 달성하기 위한 체계적인 인간의 집합체인 조직의 시작과 끝은 서로 유사점을 갖고 진행된다는 것이다. 다시 말해 유별나고 독특한 비기(祕技)를 찾는 것보다 프로세스를 잘 수행하는 기본원칙이 더 중요할 것이다.

코틀러의 마케팅 경영관리 5단계는 다음과 같다.

① 조사(Research)
② 세분화 · 표적화 · 위치화(STP, Segmentation, Targeting, Positioning)
③ 마케팅 믹스(Marketing Mix)
④ 실행(Implementation)
⑤ 통제(Control)

전략 경영은 내부 조직을 잘 추스르고 명확한 방향을 설정한 후, 차별화된 프로그램을 통해 실행하는 것이다. 마케팅 경영관리는 외부환경을 이해하고 고객을 찾아낸 후,

차별화된 서비스를 통해 실행하는 것이다. 마지막의 공통 단계는 제대로 이행됐는지 확인하고 문제점이 있으면 개선하는 것이다.

마케팅 경영관리의 첫 단계인 조사는 전략 경영의 두 번째 단계인 외부환경을 분석하는 것과 같다. 시장조사는 바로 시장으로부터의 기회와 위협을 찾아내는 것이다. 이를 통해 목표달성을 할 수 있을지 혹은 수정해야 할지를 판단할 수 있는 단초가 된다.

STP는 이번 장에서 자세히 다룰 것이다. 세분화(S)는 현재의 시장을 이해하는 단계이다. 예를 들어 스포츠 용품업체에서 생산된 특정한 종목의 의류를 모든 시장(market)의 소비자에게 판매하는 것은 불가능하다. 특정한 종목을 좋아하는 소비자를 찾아내야 한다. 표적화(T)는 바로 한정된 소비자를 찾는 단계이다. 즉, 표적으로 삼을 시장을 결정해야 한다. 위치화(P)는 경쟁자와의 차이를 두기 위해 노력하는 단계이다. 세분화와 표적화를 통해 한정된 고객을 두고 다른 기업과 경쟁해야 하기 때문이다.

마케팅 믹스는 전통적으로 네 가지가 있다. 제품(product), 가격(price), 장소 혹은 유통경로(place), 촉진(promotion)이 그것이다. 코틀러는 전통적 4P를 두고 마케팅 경영관리를 오랫동안 통용시킨 장본인이지만, 최근 디지털 마케팅 시장이 도래하면서 새로운 마케팅 믹스인 4C를 제시했다. 즉, 공동창조(co-creation), 통화(currency), 공동체 활성화(communal activation), 대화(conversation)이다. 이번 장에서 별도로 다루고자 한다.

실행단계는 일련의 계획(plan) 단계를 거친 후 실제로 실무에 뛰어드는 행동(do) 단계이다. 전략 경영 단계는 미션·비전 공유, 외부환경 분석, 내부환경 분석, 전략 수립까지가 계획단계로서 중요하다면, 마케팅 경영관리 단계도 조사, STP, 마케팅 믹스까지 계획을 세우기 위한 절차를 밟게 된다. 실행 직전의 계획이 얼마나 중요한지를 다시 한 번 강조한다.

마지막 통제단계는 잘 이행되는지 점검하기 위해 필요하다. 하지만 바쁘다는 이유로 실행만 계속 유지하는 경우가 많다. 경영과 마케팅 현장에서 자사가 세운 계획에 맞춰 제대로 이행되는지를 반드시 살펴봐야 한다. 설령 수익이 예상보다 많이 발생했을 때도 어떤 이유로 이렇게 됐는지를 통제과정을 거치면서 분석해야 한다. 자사의 강점과 시장의 기회를 세밀하게 발견하고, 보다 강력한 마케팅을 추진할 수 있기 때문이다.

2. STP

STP를 구체적으로 살펴보겠다. 근본적인 질문으로부터 이해해보자.

① 세분화(Segmentation): 쪼갤 때까지 쪼갤 수 있을까?

② 표적화(Targeting): 감동의 화살을 맞힐 고객을 찾을 수 있을까?

③ 위치화(Positioning): 그 고객의 마음속에 깃발을 꽂을 수 있을까?

(1) 세분화

세분화는 세세하게 분류한다는 의미로 시장을 나누는 것이다. 신발 시장은 운동화, 구두, 단화(短靴), 슬리퍼, 샌들 시장으로 구분할 수 있다. 스포츠 용품업 입장에서는 운동화 시장을 두고 다시 분류해야 한다. 축구화, 조깅화, 농구화, 스니커즈 등이 있을 것이다. 특화할 수 있는 용품이 선별되고, 고객이 표적화되면 집중적으로 다른 경쟁사보다 차별화된 용품을 생산해야 한다.

관람 스포츠의 프로리그 예를 더 들어보자. 스포츠 용품업에서 운동 및 경기용품 제조업에 스포츠 응원 용품업종이 있다. 스포츠 서비스업에서 이벤트를 대행하는 업체에 납품할 상품이다. 야외 스포츠와 실내 스포츠의 응원문화가 다를 것이다. 큰 경기장에서는 시각적인 효과와 소리를 증폭시켜야 효과를 낼 수 있다면, 밀폐된 실내 경기장에서는 아기자기하고 재미있는 응원문화를 선호할 수도 있다. 국내 4대 프로스포츠의 고객은 야구, 축구, 농구, 배구 시장으로 분류할 수 있다. 각 종목별로 펼치는 응원문화를 분석하는 것이 곧 고객을 선별하고 표적화할 수 있는 것이다.

운동 및 경기용품 제조업에는 자전거 제조업도 있다. 대략 1천만 명이 즐긴다는 자전거 타기 문화는 일반인들이 즐기는 저가형 자전거, 동호인들의 선호성향에 따라 가격이 천차만별인 자전거, 페달을 돌리지 않고 이동이 편리한 전기자전거, 페달을 돌리는 기본적인 자전거의 원리도 즐기는 동시에 가속이 되는 원리를 차용한 신기술 자전거 등 다양하다. 이와 같이 자전거 시장을 분류해야 시장을 어디까지 세분화해야 하고 표적이 될 고객을 찾은 후, 차별화를 위한 위치화 과정을 단계별로 수행할 수 있다.

스포츠 시설업 중 참여 스포츠 시설 운영업에는 기원 운영업이 있다. 바둑도 스포츠로 분류한다. 신체성, 경쟁성, 규칙성에 근거한 스포츠란 개념이 적용되기 때문이다. 즉,

두뇌는 그 어느 곳보다 중요한 신체이고 경쟁과 규칙을 적용한 이벤트로서 가능성이 매우 크다. 동양의 전통 놀이에서 발전한 바둑은 남녀노소 누구나 즐길 수 있다. 기원(棋院)을 오픈할 때 시장을 세분화해보면 초·중등학교 주변의 학생들을 대상으로 할지, 고령화 사회를 맞이하여 노인층을 대상으로 할지에 따라 전략과 전술이 달라질 것이다.

정확한 시장세분화 조건을 분류하면 다섯 가지 정도로 분류해서 이해할 수 있다.

① 측정가능성(measurability)
② 접근가능성(accessibility)
③ 실행가능성(actionability)
④ 실체성(substantiality)
⑤ 차별화 가능성(differentiability)

세분화를 하면서 측정이 가능한지를 우선 파악해야 한다. 시장규모, 소비자 구매력, 점포 중심사람들의 이동규모 등 계량적으로 측정해야 한다. 세분화를 하면서 접근이 가능한지 여부를 파악해야 한다. 이는 법적, 제도적인 인·허가 사항과 상충되는지, 절차를 밟으면 다음 단계로 가는 것은 문제가 안 되는지 등을 알아야 한다.

세분화를 하면서 과연 실행이 가능한지를 파악해야 한다. 공장에서 시장수요에 맞는 제품생산이 가능한지 등 조직의 능력을 객관적으로 분석해야 한다. 세분화하면서 실체를 가질 만한 규모의 제품인지, 투자해서 수익이 나는지 등을 파악해야 한다. 마지막으로 차별화 가능성을 고려해야 한다. 시장 세분화를 개념적으로는 이해하고 적용할 수 있지만, 실무현장에서는 엄연히 다른 실무적 적응을 해야 한다. 즉, 다른 경쟁사에 비해 차별화될 수 있는 여건과 범주를 명확하게 분석해야 한다.

그렇다면 어떤 기준을 갖고 시장을 세분화할 수 있을까? 소규모 스포츠 창업에 필요한 세 가지만 소개하고자 한다.

① 인구통계학적 세분화(demographic segmentation)
② 행동적 세분화(behavioral segmentation)
③ 시간 세분화(time segmentation)

첫째, 인구통계학적 세분화는 가장 기본이 돼야 한다. 연령, 성, 가족 수, 직업, 학력, 월 소득, 거주지 등 객관적으로 측정이 가능하기 때문이다. 둘째, 행동적 세분화는 사람들이 사용하는 빈도, 사용하고 있는지 여부, 사용에 따른 만족도 등에 해당되는 기준이다. 셋째, 시간 세분화는 사람마다 행동하는 시간대가 다르다. 2장에서 제시한 스포츠산업 특성 중 시간소비형 산업이란 개념이 있다. 사람의 성향, 라이프스타일 등에 따라 오전과 오후에 활동하는 시간대가 다양하다. 이러한 속성을 잘 분석해야 한다.

시장세분화 기준을 어떻게 측정할까? 설문조사업체, 대학교, 연구소 등에 의뢰해 조사대상, 조사규모, 원하는 지역, 시간대, 조사방법 등에 따라 데이터를 도출할 수 있다. 양적 마케팅 조사방법으로 가장 신뢰가 높다는 장점이 있다. 또한 점포개설에 관한 일이라면 직접 현장에서 탐색하는 방법도 있다. 기간, 시간, 장소 등을 설정하고 같은 시간대, 다른 시간대에서 이루어지는 사람들의 이동규모, 동선, 대중교통 근접지, 편의시설 등 두루 둘러볼 수 있다.

아이템 공감! 🗣️ **스마트폰을 활용한 일몰 극복 운동 라이트**

• 생활 편의품이 된 스마트폰 여러 대와 특수한 막(개발 아이템)을 활용한 불빛 확장 기능
• 운동 외에도 가족단위 야외 활동, 긴급 조난자 구조 등 확대 아이템 연구 가능
• 소지하기 편한 휴대용 장치, 스마트폰 연결 잭, 커튼용 특수한 막 개발
• 사업구조

(2) 표적화

표적화는 세분화된 고객을 공략하는 단계라 볼 수 있다. 내가 운영하는 스포츠 시설 운영업의 서비스를 구매할 고객은 누구인가? 내가 만드는 스포츠 용품업의 제품을 구매할 고객은 누구인가? 내가 구상한 스포츠 서비스업의 프로그램을 구매할 고객은 누구인가? 개인인가 단체인가? 남성인가 여성인가? 학생인가 성인인가? 젊은 층인가 노년층인가? 끊임없는 질문을 해보길 바란다.

표적시장 선정 전략은 세 가지로 분류할 수 있다.

① 차별화 전략(differentiated strategy)

② 비차별화 전략(undifferentiated strategy)

③ 집중화 전략(concentrated strategy)

표적화는 세분화된 여러 시장 중 몇 개를 선택해 각각 시장에 차별화된 제품과 서비스를 공급하는 방식이다. 스포츠 에이전시 시장에서 이윤창출 규모가 클 수밖에 없는 프로 스포츠 선수 시장에도 도전할 수 있고, 관심이 상대적으로 적은 아마추어 종목 선수 시장에서도 경쟁사에 비해 다른 서비스를 제공할 수 있다.

또한 감독과 코치의 경기지도자층도 있다. 박항서 매직으로 엄청난 붐을 일으킨 동남아시아 축구시장도 성장추세이다. 베트남의 축구 열기는 상상을 초월하지만 아직 프로리그가 자생할 수 있는 여건은 부족한 상태이다. 국가차원의 정책적 결정과정을 통해 새로운 시장이 도래한다면 우리나라의 지도자들이 할 수 있는 역할이 많아질 수 있다. 이에 대비해 스포츠 에이전시의 협상·계약 대상은 선수뿐만 아니라 경기 지도자군(群)도 확보할 수 있을 것이다.

비차별화 전략은 하나의 제품과 서비스를 갖고 전체 시장을 공략하는 방식이다. 모든 시장을 섭렵한다는 것은 대단히 어려운 일이다. 그래서 시장을 세분화하지만, 굳이 나눌 필요가 없는 독점적 아이템이 있다. 예를 들어 스포츠 서비스업 중 스포츠 교육기관은 체육·스포츠 분야의 국가 혹은 민간자격증 모두를 운영할 수 있다.

한 해 2~3만 여명이 치르는 스포츠지도사 국가자격증 시장에 한정해서 운영할 필요가 없다는 것이다. 스포츠지도사에 비해 10분의 1 수준의 스포츠경영관리사 국가자격증 시장에서도 표적화 전략을 수행해야 한다. 또한 민간자격증 분야도 공신력이 있고 소비시장이 큰 자격증 시장에는 뛰어들 필요가 있다. 규모가 큰 시장은 작은 시장에 비해 경쟁사가 많다. 체육·스포츠 분야의 잠재적인 소비자군(群)을 분류하기 보다는 표적시장을 큰 틀에 묶어 전략을 수행할 수 있을 것이다.

국내 하부 산업구조를 담당하는 인력시장이 있다. 내국인 외에도 외국인 노동시장도 포함된다. 건설 현장, 대형 병원, 학교, 식당 등 서비스를 충당할 인력이 필요한 시장이다. 상시적이 아닌 필요에 따라 인력을 수급하는 직업소개소를 떠올리면 이해하기 쉽다. 이 개념도 생산과 소비의 매개역할을 통한 에이전트 사업과 유사하다. 누구나 이용하기 편리한 애플리케이션이 생산자와 소비자의 요청을 하나로 묶을 수 있고, 인구통계학으로 분류해서 연결해줄 수 있는 장치라고 한다면 전체 시장을 공략하는 비차별적 전략의 의미를 지닌다.

집중화 전략은 몇 개의 시장에 집중적으로 제품과 서비스를 공급함으로써 점유율을 확보하기 위한 방식이다. 스포츠 서비스업에는 아직 시장성장이 미진해 기타 스포츠 서비스업에 분류된 업종이 있다. 대표적으로 스포츠 게임 개발 및 공급업과 스포츠 여행업이다. 남들의 관심이 덜 한 업종을 찾아 미리 시장을 선점하는 것이다.

아이템 공감!   심판판정 웨어러블 소통장비

- 심판판정의 오심을 줄이기 위한 축구 주심, 선심, 대기심 간의 소통장비(축구) 특성화
- 선심이 오프사이드 판정으로 깃발(센서)을 드는 순간 스마트 워치 진동 즉시 전송
- VAR, 인공지능 판정에 따른 심판직무 소멸을 사전에 차단하기 위한 R&D 연구
- 사업구조

(3) 위치화

STP의 마지막 단계로서 세분화, 표적화를 거쳐 선별된 소비자들을 완벽하게 유인해야 하는 과정이다. 소비자는 정해져 있고 경쟁사는 잘 되는 시장에는 많아질 수밖에 없는 구조이다. 위치화를 통해 소비자 마음을 붙잡을 수 있는 좋은 자리를 선점하면 경쟁이 치열해도 유리한 입지에서 경쟁할 수 있다. 제품과 서비스에 초점을 맞추는 것이 아니라 고객 마음에 집중해야 한다.

소규모 창업에 맞는 세 가지 정도의 위치화 즉, 포지셔닝(positioning) 방법을 소개하면 다음과 같다.

① 속성에 의한 위치화

② 이미지에 의한 위치화

③ 경쟁상품에 의한 위치화

첫째, 속성에 의한 위치화는 가장 많이 사용하는 포지셔닝 방법이다. 스포츠 용품마다 각각의 속성을 갖고 있다. 발목을 보호해야 하는 농구화, 킥을 했을 때 견고함을 유지해야 하는 축구화, 가볍고 발에 물집이 잡히지 않게 해야 하는 조깅화의 기능이 다르다. 같은 종목이라도 경쟁사마다 표적시장 내에서 고객에게 인식시키는 전략이 다른 것이다. 둘째, 이미지에 의한 위치화는 어떤 상황에 마주쳤을 때 떠오르는 편익에 따른 포지셔닝이다. 예를 들면 갈증이 나면 바로 머릿속에 떠오르는 스포츠 음료가 있다면 그 회사의 상품은 이미지에 의해 위치화가 된 것이다. 셋째, 경쟁상품에 의한 위치화는 말 그대로 경쟁사에 비해 차별화된 특성을 강조하며 위치화시키는 것이다. 가격, 품질, 서비스 등 우위의 위치에 점할 수 있는 부분이 무엇인가를 끄집어내야 한다.

3. 4P와 4C

(1) 4P

전통적 마케팅 믹스 4P는 잘 알려져 있다.

① 제품(product)

② 가격(price)

③ 장소(place) 혹은 유통경로(distribution)
④ 촉진(promotion)

코틀러 등은 제품을 다섯 가지 차원으로 구분했다. 즉 핵심제품, 실제제품, 기대제품, 확장제품, 잠재제품이다. 고등학교를 갓 졸업한 선수가 스포츠 에이전시에 소속되면서 느낄 수 있는 예로 설명해보자.

첫째, 선수는 에이전시가 제공하는 제품(서비스)에 대해 자신에게 직접적으로 전달되는 이점(benefit)과 관련한 핵심제품(core product)을 얻기 위해 계약을 맺는다. 즉, 에이전시가 자신의 권익을 보호하기 위한 존재로 인식한다. 마치 소비자가 신발을 구매했을 때 발을 보호할 수 있겠다는 인식의 제품 개념이라 할 수 있다.

둘째, 선수는 에이전시로부터 실제제품(generic product)을 얻게 된다. 즉, 선수는 에이전시 회사 브랜드 혹은 에이전트 개인의 역량·인지도 등을 구매한 것이다. 마치 소비자가 신발을 샀을 때 조깅화, 농구화, 축구화 등 디자인과 기능이 각기 다르게 보이는 유형화된 제품을 구매한 것이다.

셋째, 선수는 에이전시로부터 부수적인 기대를 원할 것이다. 예를 들어 선수는 신속한 이적구단의 탐색, 정교한 협상과 계약 등 에이전시 본연의 임무가 차질 없이 진행되길 바란다. 이와 같이 선수는 에이전시와 협상을 맺을 때부터 기대제품(expected product)을 구매한 것이다. 마치 소비자가 조깅화를 샀을 때 깃털처럼 가볍고, 물집이 잡히지 않는 탄력성 등 구매한 사람이 기대할 수 있는 일체의 속성과 조건에 관한 제품 개념이라 할 수 있다.

넷째, 선수는 에이전시로부터 본연의 임무 외에 광고출연, 용품협찬 계약에 이르기까지 부가적 계약이행과 뜻하지 않게 발생할 수 있는 법률적 문제를 신속하게 처리해주길 바랄 것이다. 즉, 애프터서비스(A/S), 품질보증과 같은 잠재제품(augmented product)을 구매한다. 코틀러 등에 따르면 소비자는 광의의 관점에서는 잠재제품을 구매하는 것이라 했다. 소비자는 할부판매, 맞춤형 서비스 등을 당연하게 여긴다. 경기장을 갔을 때 매점, 화장실, 편의시설, 주차시설, 경기장 좌석 편의성 등을 확장제품으로서 인식한다. 단지 경기만 보러 가는 것이 아니기 때문이다.

마지막으로 선수는 에이전시의 디자인, 브랜드, 로고, 상징성 등을 구매하는 것이다. 이러한 인지도를 통해 자신도 유사한 가치가 올라갈 수 있길 바란다. 소비자도 비슷한 제품이라도 나이키, 아디다스 등을 구매하는 것은 상표가 갖는 차별화를 느끼기 위함이다.

소비자는 제품을 단순히 품질정도로만 인식하고 구매하지 않는다는 것을 명심해야 한다. 품질은 기본이라고 생각할 것이다. 이외의 다른 가치를 위해 소비하고 만족을 얻으려 할 것이다. 창업을 위해 제품을 내놓기 전에 충분히 고려해야 할 사항이다.

아이템 공감!   **세이프티 에어 운동헬멧**

• 야구의 머리에 맞는 데드볼, 자전거 · 인라인 타기, 낙상 등에 따른 충돌 방지
• 헬멧 안의 센서에 의해 일정 수준의 충격이 가해졌을 시 에어백 작동 후 머리 보호
• 사업구조

> 차량 에어백 원리
> ⇩
> 축소화 연구
> ⇩
> 테스트

Start-Up Tip!

• 자신의 제품은 5차원적 가치를 모두 지녔는가.
• 자신의 제품은 2차원적 수준(실제제품)에 머무르고 있지 않은가.

가격에 대해 살펴보자. 가격은 마케팅의 기본요소인 교환(exchange)과 직결된 개념이다. 크게 두 측면의 특성을 보면 다음과 같다.

우선 전통적 마케팅 믹스 중에서 가장 강력한 도구이다. 이는 상대적 관계에 의해 결정되기 때문이다. 구매자와 판매자의 보이지 않는 협상과정에서 이루어진다. 수요를 파악하고 적용해야 하는 문제이다. 가격정책은 크게 두 가지로 분류할 수 있다. 초기저가 전략(penetration pricing strategy)과 초기고가 전략(skimming pricing strategy)이 있다. 유사한 제품이 난립한 시장에 자사의 제품을 내놓을 때 가장 확실한 방법은 초기저가 전략을 구사해야 한다. 대다수 소비자는 가격 민감도가 높기 때문이다.

6장에서 제시된 성장 전략 중에서 기존제품을 기존시장에 뚫고 들어가는 시장침투 전략은 곧 가격 경쟁력을 의미할 수도 있다. 치열한 기존시장에 발붙이기 위해선 소비자가 인식할 수 있는 가장 강력한 도구의 특성을 활용해야 한다.

가격은 쉽게 모방이 가능하다. 남들이 모방이 가능한 만큼 나 자신도 타사의 가격을 모방하기 쉽다. 이는 일정한 체계를 갖추기 힘들기 때문이다. 즉, 다양하고 복잡한 가격정책을 항상 준비해 있어야 한다. 원가기준, 가격 차별화 기준, 심리적 기준, 패키지 기준, 신상품 기준 등으로 다양한 가격책정 전략을 갖고, 시장의 상황을 예의주시하며 수시로 적용할 준비가 돼 있어야 한다.

Start-Up Tip!

- 자신의 제품가격은 획일적인가.
- 자신의 제품가격 전략을 몇 가지로 분류해 보았는가.
- 자신의 제품가격과 경쟁사 제품가격을 충분히 비교 검토했는가.

장소는 유통과 직결되는 문제다. 생산자와 소비자 간 유통경로는 크게 직접거래와 중간상 거래로 나눌 수 있다. 직접거래는 말 그대로 생산자와 직접 소비자에게 전달하는 경우이다. 소위 소비자의 직구(직접구매)를 통한 유통과정이다. 물론 직구라고 해도 전자상거래란 유통망을 통해 이뤄지지만 근본적으로는 직접 거래하는 방식이 된다.

중간상 거래는 도매상(wholesales)과 소매상(retailers)이 수행하는데 생산자(판매자) 입장에선 왜 중간상을 넣어야 되는지를 명확히 알아야 한다. 다시 말해 중간상 거래에 따른 확실한 이점에 있어야 중간상이 필요한 것이다. 가장 중요한 이점으로 '거래의 경제성'을 확보할 수 있느냐의 문제가 있다.

생산자가 일일이 소비자를 찾아다니지 않고, 중간상을 통해 매우 효율적으로 찾을 수 있다면 중간상 거래가 적절할 것이다. 이를 통해 소비자가 원하는 제품과 서비스를 즉각적으로 구매할 수 있도록 편의를 제공하는 시간 효용을 갖는다. 또한 소비자가 원하는 장소에서 제품과 서비스를 구매할 수 있도록 편의를 제공하는 장소 효용을 얻는다. 물류비용, 기타 부수적인 비용 등을 절감할 수 있는 비용 효용이 발생한다.

Start-Up Tip!

• 자신의 제품은 직접거래가 효율적인가, 중간상 거래가 효율적인가.
• 자신의 제품을 소비자에게 전달하기 위해 어떤 고민과 노력을 기울였는가.

촉진은 제품을 수단과 방법을 가리지 않고 소비자에게 전달하기 위한 노력이다. 대표적으로 광고와 홍보가 있다. 광고는 가장 효과적인 유료 촉진방식이지만, 돈이 많이 들고 촉진대상이 광범위해 주요 타깃을 벗어날 수도 있다. 홍보는 돈이 거의 들지 않지만 각별한 에너지를 투입해야 한다. 물론 흥행을 하면 소비자들의 다양한 촉진방식(소셜 미디어, 블로그, 카페 등)을 통해 알아서 홍보가 되는 경우도 있지만, 초기 홍보를 위해 어떤 노력을 기울여야 할지 고민해야 한다. 홍보보다 넓은 개념인 공중관계(PR, Public Relations) 도 있다. 대표적으로 브로슈어, 리플릿, 제품시연 등을 활용할 수도 있고, 각종 박람회, 전시회에 참가해 알리는 경우가 있다.

Start-Up Tip!

• 자신의 제품을 어떻게 해야 가장 효과적으로 알릴 수 있을지 고민하는가.
• 제품을 홍보하는 흔한 유튜브 플랫폼에 영상을 찍고, 편집해서 올려본 적이 있는가. 경험하지 않으면서 1인 미디어를 운운하고 있지는 않는가.

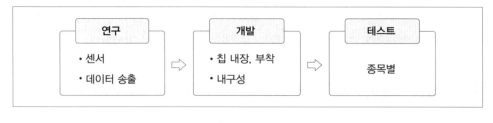

아이템 공감! 🗣 **터치라인 오심 최소화 스마트볼**

• 각종 종목의 라인 안팎에 공이 떨어졌을 때 심판판정 시비를 최소화하기 위해 고안
• 공 안에 특수 개발된 칩을 내장하여 땅이 닿았을 때 위치 실시간 송출(스마트폰 애플리케이션)
• 사업구조

(2) 4C

코틀러 등은 나날이 커지는 디지털 마케팅 시장에 대응하기 위해 새로운 마케팅 믹스인 4C를 제시했다. 즉, 공동창조(co-creation), 통화(currency), 공동체 활성화(communal activation), 대화(conversation)이다.

공동창조는 4장에서 제시한 마켓 4.0에서 중요한 키워드이다. 예전에는 생산품을 기업이 주도해서 만들었지만 지금은 고객과 함께 만들어야 한다는 취지이다. 기업의 신제품 개발에 고객의 목소리를 적극 끌어들여야 한다. 즉, 신상품의 기획 단계부터 고객을 어떻게 끌어들여야 할지 고민해야 한다.

통화란 개념은 전통적 마케팅 시장에서의 가격보다 역동적인 개념이 내포돼 있다. 마케팅 믹스 수단 중에서 가장 강력한 힘을 갖는 가격정책은 무엇보다 중요하다. 빅데이터를 통해 수집된 복잡다단한 소비패턴을 파악할 수 있다면 맞춤형 가격을 제시할 수 있을 것이다. 프로스포츠 경기장 좌석에 따라 가격이 달리 책정된다. 동일한 좌석존에 앉아 있더라도 관객마다 다른 가격을 지불했을 수도 있다. 이는 다양한 유통 플랫폼을 통해 구매하는 시점과 방식에 따라 고객별로 가격이 달라졌을 것이다. 디지털 마케팅 시장에선 이런 현상이 가중될 것이다.

공동체 활성화는 최근 시대 트렌드로 자리 잡히는 공유경제 개념과 맞물려 있다. 개인과 개인 간의 유통이 가장 강력한 현상으로 바라봤다. 직접 사서 사용하기 보다는 빌

려서 쓰는 개념이 많아졌다. 정수기와 같은 생활 편의품에서 택시 서비스, 자동차, 독서실, 사무실 공간에 이르기까지 공유경제의 영역은 확장될 것이다.

　　대화는 고객과의 소통을 강조한 것이다. 기업은 고객과의 대화 채널을 적극 열어두고 있다. 기업의 현란한 광고 홍보를 무조건 신뢰하기 보다는 대화가 통하는 창구에서 자신이 알고 싶어 하는 정보를 찾고자 한다. 소셜 미디어 커뮤니티의 구성원들 간에 주고받는 정보에 대해 신뢰를 보낸다.

Start-Up Tip! 🗨

• 시장(고객)으로부터 제품과 서비스의 아이디어를 차용하려고 한 적이 있는가.
• 소셜 미디어 커뮤니티에서 일어나는 현상을 이해하는가.

제 2 절 스포츠 소비자와 서비스

1. 스포츠 소비자

스포츠 소비자는 크게 세 가지로 구분한다.
① 참여 스포츠 소비자
② 관람 스포츠 소비자
③ 매체 스포츠 소비자

　　참여 스포츠 소비자는 직접 운동을 배우기 위해 시간과 돈을 소비한다. 건강과 유행에 따라 시대적 트렌드에 민감한 소비자이다. 초기 창업 아이템이 이들을 상대하는 것이라면 적극적으로 소비자 목소리를 반영해야 한다. 연령별, 직종별, 세대별 등에 따라 다양하게 프로그램을 분류하고 체계적으로 운영해야 한다. 참여 스포츠 소비자는 관람 스포츠 소비자보다 관여도(involvement)가 높다. 즉, 민원이 확대돼 불만으로 이어질 수 있는 만큼 소비자 특성을 보다 세밀히 알아야 한다.

특히 도심형 스포츠 시설은 농어촌 스포츠 시설에 비해 고려해야 할 부분이 많다. 다양한 계층을 확보하기 쉽기 때문에 시간대별 고객 쏠림 현상이 크다. 오전 9시에서 12시대 가장 많이 몰리거나 저녁 이후 시간대에 집중되기도 한다. 30~40대 전업주부가 주고객층으로 오전 시간대 프로그램을 구성한다면 저녁에는 직장인의 소비패턴을 분석해야 한다. 운동복 등 용품을 지급하고, 가격 경쟁력과 프로그램의 차별화, 시설의 우수성, 접근성 등을 충분히 고려해야 한다.

반면 농어촌형 스포츠 시설은 소비시장 자체가 작기 때문에 고객확보의 어려움이 있다. 또한 육체노동이 많아 스포츠 활동의 호응도가 낮을 수 있어 다양한 스포츠 소비로 이어지기 어려울 수 있다. 그럼에도 불구하고 고령화로 인해 지역특성에 맞는 특화 프로그램을 개발할 수 있다. 이는 지자체의 정책사업으로 공공스포츠클럽(주관: 대한체육회)을 통해 지역주민의 스포츠 복지를 높일 수 있다. 위탁을 통해 이루어지는 만큼 노인건강 운동 프로그램을 접목해 참여 스포츠 소비자군을 확대할 수 있다.

관람 스포츠 소비자는 경기관람을 위해 시간과 돈을 소비한다. 스포츠 경기란 서비스를 구매하기 때문에 재미있어야 한다. 또한 호감이 가는 이벤트를 선호하는 경향이 있다. 마지막으로 매체 스포츠 소비자는 미디어를 통해 스포츠 콘텐츠를 소비한다. 즉, 스포츠 단신을 검색하고 스포츠 용품을 구매한다. 잠재적으로 참여 및 관람 스포츠 소비자가 될 수 있다.

Start-Up Tip!

• 스포츠 소비자를 분류하는가.
• 자신은 어떤 종류의 스포츠 소비자를 상대하는가.

---

2. 스포츠 서비스

서비스는 특성은 네 가지로 분류할 수 있다.
① 무형성
② 비분리성

③ 이질성

④ 소멸성

첫째, 무형성이란 보이지 않는다는 의미다. 즉, 만져볼 수 있거나 미리 예측할 수 없다. 스포츠 경기를 예로 들어보면 아무리 권력이 막강한 사람이 요청해도 미리 보여줄 수 없는 것과 같다. 둘째, 비분리성이란 생산과 소비가 분리가 될 수 없다는 의미다. 스포츠 경기의 시작은 생산됐다는 의미이고, 소비도 동시에 이루어지고 있는 것이다. 다시 말해 천재지변 등에 따라 공식적으로 취소가 되지 않는 한, 다시 시작할 수 없다. 시장에 내놓은 물품에 대해 매우 신중해야 하는 것이 바로 이 이유다. 다시 주워 담을 수 없게 된다.

셋째, 이질성이란 서비스에 대해 소비자마다 다르게 느낀다는 의미다. 아무리 공을 들여도 사람마다 느끼는 차이가 다르다. 앞서 모든 시장을 섭렵할 수 없기 때문에 세분화(segmentation) 전략을 쓴다고 했다. 시장을 구분하고 정확한 표적시장을 찾아야 한다. 신중하게 내놓은 제품과 서비스에 대해 꽤 괜찮은 상품으로 인식할 수 있는 고객층을 찾아야 하는 이유이다. 마지막으로 소멸성은 이질성과 비슷한 개념이다. 즉, 생산되자마자 소멸된다는 의미이다. 다시 강조하지만 시장에 신중하게 제품과 서비스를 내놓을 수밖에 없는 이유이기도 하다.

Start-Up Tip!

• 스포츠 서비스 특성을 이해하는가.
• 자신의 서비스를 시장에 출시할 때 생산되자마자 소비된다는 인식을 하는가.

서비스 품질 척도가 있다. 다섯 가지로 분류할 수 있다.

① 유형성

② 신뢰성

③ 확신성

④ 응답성

⑤ 공감성

첫째, 유형성이다. 앞서 제시한 서비스의 특성인 무형성과는 정반대 개념이다. 예를 들면 수영을 배우기 위해 수영장 운영업 시설을 방문하는데 시설이 낙후됐거나 쾌적하지 않는 환경이라면 유형성에 점수를 낮게 평가할 것이다. 이미 다른 센터를 알아보기 위한 마음이 생길 수 있다. 이와 같이 유형성은 첫인상과도 같기 때문에 매우 중요하다. 아무리 내부 인테리어를 럭셔리하게 꾸며도 건물에 진입하는 주변 환경이 미약하면 유형성에서는 좋지 않은 인상을 줄 수 있다.

둘째, 신뢰성은 말 그대로 약속에 관한 품질이다. 서비스의 특성에서 제시된 무형적이고 비분리성인 서비스를 신중하게 시장에 출시했는데도 불구하고, 뜻하는 만큼 소비자 반응이 낮을 수 있다. 예를 들어 요가 시간을 2시간 단위로 프로그램을 구성했는데 오전 9시 타임의 접수자가 1명이라면 어떻게 하겠는가? 사전에 10명 미만이면 취소할 수 있다는 사전 공지가 있다면 양해를 구하고 취소 혹은 변경을 할 수 있겠지만, 그러지 못한 경우는 신중히 생각해야 한다. 약속이기 때문이다. 1개월을 정상적으로 운영하고 다음 달의 추이를 보며 프로그램반을 통합할지, 계속 운영할지를 판단해야 한다.

셋째, 확신성은 전문성과 연관된 품질이다. 즉, 헬스를 배우기 위해 체력단련시설업종을 찾아 갔는데 강사진 스스로 몸 관리가 안 됐다고 가정해보자. 이 순간 확신성은 사라지는 것이다. 접수 센터 직원의 전문성도 매우 중요하다. 교육이 안 된 아르바이트 학생을 통해 확신성을 잃어버릴 수도 있다. 프로그램 운영 전반에 대해 잘 알고 있어야 하고, 현장 민원이 발생했을 시 전문적으로 처리하는 모습을 보여야 한다.

넷째, 응답성은 앞서 얘기한 민원에 대한 대응 수준을 말한다. 현장 민원이든 전화상으로 문의하는 경우이던 간에 즉각적으로 잘 대처해야 한다. 신속히 이루어지지 않는다면 고객은 응답성에 대한 품질에 대해 낮게 평가한다. 마지막으로 공감성은 시대 트렌드에 관한 얘기다. 아무리 좋은 제품과 서비스라 할지라도 유행에 민감한 다수의 고객이 소비할 마음이 없으면 공감성이 떨어진 것이다. 요가, 필라테스, 플라잉 요가 등 자체적으로도 프로그램 진화를 거듭하듯, 영원한 아이템이란 없는 것이다. 본질은 잘 추구하되 어떻게 포장을 잘 하고 고객을 맞이하느냐의 방법을 잘 찾아야 한다.

Start-Up Tip!

- 자신의 제품과 서비스에 대해 세련된 이미지를 덧입히고자 노력하는가.
- 고객과의 약속 혹은 자신과의 약속에 대한 중요성을 어느 정도 인식하는가.
- 자신과 직원의 전문성은 어느 정도인가.
- 고객 대응 교육이 항상 이루어지는가.
- 시대 트렌드에 맞는 제품과 서비스라 인식하는가.

**스포츠
창업 해설서**

나뭇가지를 흔든다는 것은?

1부에서 숲을 보기 위해 기업경영, 스포츠 산업과 창업의 방향, 스포츠 기업을 살펴봤다. 2부에서는 나무에 다가가기 위해 시장환경 분석 및 창업모델 선정, 스포츠 사업타당성 분석, 스포츠 경영 전략과 마케팅 전략을 살펴봤다. 3부에서는 본격적으로 나뭇가지를 붙잡기 위해 관련한 법령, 제도를 이해하고, 사업계획서에 대해 학습할 것이다. 1, 2부의 내용은 시간이 흘러도 많이 바뀌지 않을 원론에 가깝다면 3부의 법령과 제도는 국내외 환경, 정책적 방향, 시대 트렌드 등에 의해 수정되는 영역이다. 특히 제도는 한 해 예산이 어떻게 편성되느냐에 따라 매우 다양하게 달라질 수 있다. 창업이란 화두가 본격적으로 사회에 진입하고, 뿌리내리기 위해 다양한 제도를 개발하고, 적용하고 있는 현재 진행형의 중요한 이슈임에는 틀림이 없다.

제**3**부

나뭇가지를 흔들자

제**8**장

스포츠 창업관련 법령

제 1 절 법령과 제도

제1절 법령과 제도

1. 스포츠산업 진흥법

「스포츠산업 진흥법」은 2007년에 제정됐다. 2016년 전부개정을 거치며 스포츠산업은 다른 산업에 비해 고용창출 효과와 미래 성장 동력으로서의 가능성을 높게 평가했다. 스포츠 이용자의 이용편익을 높이고 유통의 활성화를 촉진하기 위해 행정적, 재정적 지원의 근거를 마련했다. 대표적으로 민간의 뉘앙스를 풍기는 프로스포츠 육성방안을 구체적으로 제시했다. 핵심내용을 살펴보면 다음과 같다.

제1조(목적)
이 법은 스포츠산업의 진흥에 필요한 사항을 규정함으로써 스포츠산업의 기반조성 및 경쟁력 강화를 도모하고, 스포츠를 통한 국민의 여가선용 기회의 확대와 국민경제의 건전한 발전에 이바지함을 목적으로 함

제2조(정의)
1. "스포츠"란 건강한 신체를 기르고 건전한 정신을 함양하며 질 높은 삶을 위하여 자발적으로 행하는 신체활동을 기반으로 하는 사회문화적 행태
2. "스포츠산업"이란 스포츠와 관련된 재화와 서비스를 통하여 부가가치를 창출하는 산업
3. "스포츠산업진흥시설"이란 스포츠산업 관련 사업자와 그 지원시설 등을 집단적으로 유치하기 위하여 지정된 시설물

제4조(국가와 지방자치단체의 책임)
① 국가 및 지방자치단체는 스포츠산업의 진흥을 위하여 필요한 시책을 수립·시행하여야 함
② 국가 및 지방자치단체는 스포츠산업의 진흥을 위하여 기술의 개발과 조사, 연구사업의 지원, 외국 및 스포츠산업 관련 국제기구와의 협력체제 구축 등을 위하여 필요한 노력을 하여야 함

제5조(기본계획 수립 등)

① 문화체육관광부장관은 스포츠산업 진흥에 관한 기본적이고 종합적인 중장기 진흥 기본계획과 스포츠산업의 각 분야별·기간별 세부시행계획을 수립·시행하여야 함

② 기본계획에는 다음 각 호의 사항이 포함되어야 함

  1. 스포츠산업 진흥의 기본방향에 관한 사항
  2. 스포츠산업 활성화를 위한 기반 조성에 관한 사항
  3. 스포츠산업 전문인력 양성에 관한 사항
  4. 스포츠산업의 경쟁력 강화에 관한 사항
  5. 스포츠산업 진흥을 위한 재원 확보에 관한 사항
  6. 국가 간 스포츠산업 협력에 관한 사항
  7. 프로스포츠의 육성·지원에 관한 사항

제7조(실태조사)

문화체육관광부장관은 기본계획과 세부시행계획을 효율적으로 수립·시행하기 위하여 정기적으로 스포츠산업 실태조사를 실시하여야 함

> ■ 실태조사 범위와 방법(시행령)
> 1. 스포츠산업 관련 사업체 수 및 종사자 수
> 2. 스포츠산업의 매출액
> 3. 스포츠산업의 사업 실적 및 경영 전망
> 4. 스포츠산업의 인력 수급
> 5. 그 밖에 스포츠산업 진흥을 위한 정책을 수립·시행하는 데 필요한 사항

제8조(기술개발의 추진)

문화체육관광부장관은 스포츠산업과 관련된 기술개발을 추진하기 위한 정책을 수립·시행하고, 기술개발을 수행하는 데 드는 자금을 예산의 범위에서 지원하거나 출연할 수 있음

제9조(스포츠산업 전문인력의 양성)

① 국가 및 지방자치단체는 스포츠산업 진흥에 필요한 전문인력을 양성하기 위하여 노력하여야 함

② 문화체육관광부장관은 제1항에 따른 전문인력의 양성을 위하여 대통령령으로 정

하는 바에 따라 스포츠산업 전문인력 양성기관을 지정하여 운영할 수 있다.

> **■ 경비의 보조(시행령)**
> 문화체육관광부장관과 지방자치단체의 장은 법 제9조제3항에 따라 전문인력 양성기관에 다음 각 호의 경비의 전부 또는 일부를 보조할 수 있다.
>   1. 전문인력 양성교육 프로그램 운영에 필요한 비용
>   2. 전문인력 양성교육에 대한 조사·연구 비용
>   3. 교육자료의 개발 및 보급에 필요한 비용
>   4. 교육장소 임대비 및 장비 구입비

③ 국가 및 지방자치단체는 스포츠산업 전문인력 양성기관에 대하여 대통령령으로 정하는 바에 따라 그 양성에 필요한 경비를 예산의 범위에서 보조할 수 있음

제10조(창업 지원 등)
문화체육관광부장관은 스포츠산업과 관련된 창업을 촉진하고, 일자리를 창출하기 위하여 필요한 시책을 마련하며, 사업추진에 필요한 자금을 예산의 범위에서 지원할 수 있음

제11조(스포츠산업진흥시설의 지정 등)
① 문화체육관광부장관은 스포츠산업의 진흥을 위하여 지방자치단체의 장과 협의하여 다음 각 호의 지정요건을 갖춘 해당 지방자치단체 소유의 공공체육시설을 스포츠산업진흥시설로 지정할 수 있음. 이 경우 시설 설치 및 보수 등에 필요한 자금의 전부 또는 일부를 지원할 수 있음
  1. 문화체육관광부령으로 정하는 수 이상의 스포츠산업 사업자가 입주할 것
  2. 입주하는 스포츠산업 사업자의 100분의 30 이상이 중소기업자일 것
  3. 입주하는 스포츠산업 사업자가 공동으로 이용할 수 있는 공용 회의실 및 공용 장비실 등의 공용이용시설을 설치할 것
② 문화체육관광부장관은 프로스포츠의 육성을 위하여 필요하다고 인정하는 경우 지방자치단체의 장과 협의하여 해당 지방자치단체 내의 프로스포츠단 연고 경기장을 스포츠산업진흥시설로 우선 지정할 수 있음

제16조(스포츠산업에 대한 출자)

정부는 스포츠산업에 대한 투자 활성화를 위하여 대통령령으로 정하는 바에 따라 예산의 범위에서 다음 각 호의 조합이나 회사에 출자할 수 있음

1. 「벤처기업육성에 관한 특별조치법」에 따른 중소기업투자모태조합과 한국벤처투자조합
2. 「중소기업창업 지원법」에 따른 중소기업창업투자조합
3. 그 밖에 스포츠산업체에 투자하거나 스포츠산업에 대한 투자를 목적으로 설립된 조합 또는 회사

제17조(프로스포츠의 육성)

① 국가 및 지방자치단체는 스포츠산업의 발전을 도모하고, 국민의 건전한 여가활동을 진작하기 위하여 프로스포츠 육성에 필요한 시책을 강구할 수 있음

② 지방자치단체 또는 공공기관은 프로스포츠 육성을 위하여 대통령령으로 정하는 바에 따라 프로스포츠단 창단에 출자 또는 출연할 수 있으며, 프로스포츠 활성화를 위하여 필요한 경우 프로스포츠단 사업 추진에 필요한 경비를 지원할 수 있음

③ 지방자치단체는 공공체육시설의 효율적 활용과 프로스포츠의 활성화를 위하여 필요하다고 인정하는 경우에는 공유재산을 25년 이내의 기간을 정하여 그 목적 또는 용도에 장애가 되지 아니하는 범위에서 사용·수익을 허가하거나 관리를 위탁할 수 있음

④ 지방자치단체의 장은 공유재산 중 체육시설(민간자본을 유치하여 건설 또는 개수·보수된 시설을 포함)을 프로스포츠단의 연고 경기장으로 사용·수익을 허가하거나 그 관리를 위탁하는 경우 해당 프로스포츠단(민간자본을 유치하여 건설하고 투자자가 해당 시설을 프로스포츠단의 연고 경기장으로 제공하는 경우 민간 투자자를 포함)과 우선하여 수의계약할 수 있음(건설 중인 경우에도 또한 같음)

⑤ 공유재산의 사용·수익 허가를 받은 프로스포츠단은 사용·수익의 내용 및 조건에 위반되지 아니하는 범위에서 지방자치단체의 장의 승인을 받아 다른 자에게 사용·수익하게 할 수 있음

⑥ 공유재산의 사용·수익을 허가받거나 관리를 위탁받은 프로스포츠단은 필요한 경우 해당 체육시설을 직접 수리 또는 보수할 수 있음. 다만, 그 수리 또는 보수가 공유재산의 원상이 변경되는 대통령령으로 정하는 대규모의 수리 또는 보수에 해당할 경우에는 지방자치단체의 장의 승인을 받아야 함

⑦ 지방자치단체는 수리 또는 보수에 필요한 비용의 전부 또는 일부를 지원할 수 있음

■ **프로스포츠단 창단에의 출자·출연 등(시행령)**
지방자치단체 또는 공공기관이 법 제17조제2항에 따라 프로스포츠단 사업 추진
에 지원할 수 있는 경비의 범위는 다음 각 호와 같다.
  1. 프로스포츠단의 운영비(인건비를 포함한다)
  2. 프로스포츠단의 부대시설 구축을 위한 비용
  3. 각종 국내·국제 운동경기대회의 개최비와 참가비
  4. 유소년 클럽 및 스포츠교실의 운영비
  5. 그 밖에 프로스포츠단의 활성화를 위하여 필요한 경비

제20조(사업자단체의 설립)
스포츠산업 사업자는 스포츠산업의 진흥과 상호 협력증진 등을 위하여 대통령령으로
정하는 바에 따라 문화체육관광부장관의 인가를 받아 업종별로 사업자단체를 설립할
수 있음

■ **사업자단체의 설립 인가(시행령)**
① 문화체육관광부장관은 신청 내용이 다음 각 호의 요건을 모두 갖춘 경우에
그 설립을 인가함
  1. 사업계획서가 스포츠산업 진흥의 목적에 부합할 것
  2. 사업 수행을 위한 자금 조달 방안이 있을 것
  3. 업종별 사업자가 100분의 50 이상 참여할 것
② 신청을 받은 문화체육관광부장관은 신청을 접수한 날부터 30일 이내에 인가
여부를 결정하여 신청인에게 통보하여야 함
③ 문화체육관광부장관은 제2항에 따라 사업자단체의 설립을 인가한 경우에는
문화체육관광부 인터넷 홈페이지에 그 사실을 공고하여야 함

출처: 법제처 www.moleg.go.kr

2. 체육시설의 설치·이용에 관한 법률

'체육시설의 설치·이용에 관한 법률'은 1989년에 제정돼 수차례 일부개정을 통해
오늘에 이르고 있다. 앞으로 4차 산업혁명시대를 맞이하여 체육시설의 개념도 확장될

것이다. 대표적으로 스마트 경기장이 있다. 향후 지속적인 개정이 있을 것이다. 최근 법제처가 공지한 일부개정(2018.9월 개정, 2019.9월 시행)의 사유를 통해 체육시설의 정의에 대한 확장을 가늠해볼 수 있다.

"체육시설의 정의를 체육 활동에 지속적으로 이용되는 시설과 그 부대시설로 규정하고 있으나 최근 IT기술의 획기적인 발전에 따라 체육 활동에 컴퓨터 가상환경을 이용하는 시설에 대하여는 체육시설로 분류되지 않아 관리가 어렵고 안전규정 또한 명확하지 않다. 특히 현재 성행하고 있는 스크린 골프장의 경우 '골프 연습장업'으로 신고하도록 하고 있으나 스크린골프 게임이나 오락은 허용되지 않고 1인 연습장용으로만 활용되도록 하고 있어 대부분의 스크린 골프장이 불법시설로 운영되고 있는 실정이다. 이에 체육활동에 이용되는 정보처리 기술이나 기계장치를 이용한 가상의 운동경기 환경에서 실제 운동경기를 하는 것처럼 체험하는 시설도 체육시설에 포함시켜 체계적인 관리를 할 수 있도록 하는 한편, 신고 체육시설업의 범위에 야구장업, 가상체험 체육시설업을 추가하려는 것이다(법제처, 2019)." 이 법은 이해를 돕기 위해 소목차별로 살펴보면 다음과 같다.

(1) 공공체육시설의 위탁업무
법에 따라 공공체육시설은 전문체육시설, 생활체육시설, 직장체육시설로 구분한다.

전문체육시설	(법 제5조) 국가와 지방자치단체는 국내·외 경기대회의 개최와 선수 훈련 등에 필요한 운동장이나 체육관 등 체육시설을 대통령령으로 정하는 바에 따라 설치·운영하여야 한다. (시행령 제3조) 국가와 지방자치단체가 설치·운영하여야 하는 전문체육시설은 다음 각 호와 같다. 1. 시·도 : 국제경기대회 및 전국 규모의 종합경기대회를 개최할 수 있는 체육시설 2. 시·군 : 시·군 규모의 종합경기대회를 개최할 수 있는 체육시설
생활체육시설	(법 제6조) ① 국가와 지방자치단체는 국민이 거주지와 가까운 곳에서 쉽게 이용할 수 있는 생활체육시설을 대통령령으로 정하는 바에 따라 설치·운영하여야 한다. ② 생활체육시설을 운영하는 국가와 지방자치단체는 장애인이 생활체육시설을 쉽게 이용할 수 있도록 시설이나 기구를 마련하는 등의 필요한 시책을 강구하여야 한다.

	(시행령 제4조) 법 제6조에 따라 국가와 지방자치단체가 설치·운영하여야 하는 생활체육시설은 다음 각 호와 같다. 1. 시·군·구 : 지역 주민이 고루 이용할 수 있는 실내·외 체육시설 2. 읍·면·동 : 지역 주민이 고루 이용할 수 있는 실외체육시설
직장체육 시설	(법제 7조) 직장의 장은 직장인의 체육 활동에 필요한 체육시설을 설치·운영하여야 한다. (시행령 제5조) 법 제7조제1항에 따라 직장체육시설을 설치·운영하여야 하는 직장은 상시 근무하는 직장인이 500명 이상인 직장으로 한다. ※ 체육시설종류 중에서 2종류 이상을 설치 **구분 / 체육시설종류** **운동 종목**: 골프장, 골프연습장, 궁도장, 게이트볼장, 농구장, 당구장, 라켓볼장, 럭비풋볼장, 롤러스케이트장, 배구장, 배드민턴장, 벨로드롬, 볼링장, 봅슬레이장, 빙상장, 사격장, 세팍타크로장, 수상스키장, 수영장, 무도학원, 무도장, 스쿼시장, 스키장, 승마장, 썰매장, 씨름장, 아이스하키장, 야구장, 양궁장, 역도장, 에어로빅장, 요트장, 육상장, 자동차경주장, 조정장, 체력단련장, 체육도장, 체조장, 축구장, 카누장, 탁구장, 테니스장, 펜싱장, 하키장, 핸드볼장, 그 밖에 국내 또는 국제적으로 치러지는 운동 종목의 시설로서 문화체육관광부장관이 정하는 것 **시설 형태**: 운동장, 체육관, 종합 체육시설

(2) 민간체육시설의 운영업무

민간체육시설은 영리목적 체육시설업으로 명시돼 있고, 등록체육시설업과 신고체육시설업으로 분류한다. 가장 최근 야구장업과 가상체험 체육시설업이 신고체육시설업으로 포함됐다.

등록체육시설업 (3종)	골프장업, 스키장업, 자동차경주업
신고체육시설업 (16종)	요트장업, 조정장업, 카누장업, 빙상장업, 승마장업, 종합 체육시설업, 수영장업, 체육도장업, 골프 연습장업, 체력단련장업, 당구장업, 썰매장업, 무도학원업, 무도장업, 야구장업, 가상체험 체육시설업

영리목적의 체육시설업이 회원모집을 하는 방법도 법에 명시돼 있다. 회원제 체육시설업과 대중 체육시설업으로 구분한다.

회원제 체육시설업	회원을 모집해 운영하는 체육시설업
대중 체육시설업	회원을 모집하지 않고 경영하는 체육시설업

체육지도자(스포츠지도사)는 국가자격증으로 운영된다. 1962년에 제정된 「국민체육진흥법」에 지속적인 개정을 통해 국가자격증 제도가 개편(2014년)됐다. 기존에 건강운동관리사, 전문스포츠지도사, 생활스포츠지도사를 비롯해 새롭게 추가된 영역으로 장애인스포츠지도사, 유소년스포츠지도사, 노인스포츠지도사가 있다. 체육지도자 육성을 목적으로 한다.

육성된 체육지도자를 배치하는 기준은 「체육시설의 설치·이용에 관한 법률」에 명시돼 있다. 구체적으로 살펴보면 다음과 같다.

체육시설업의 종류	규모	배치인원
골프장업	• 골프코스 18홀 이상 36홀 이하 • 골프코스 36홀 초과	1명 이상 2명 이상
스키장업	• 슬로프 10면 이하 • 슬로프 10면 초과	1명 이상 2명 이상
요트장업	• 요트 20척 이하 • 요트 20척 초과	1명 이상 2명 이상
조정장업	• 조정 20척 이하 • 조정 20척 초과	1명 이상 2명 이상
카누장업	• 카누 20척 이하 • 카누 20척 초과	1명 이상 2명 이상
빙상장업	• 빙판면적 1,500제곱미터 이상 3,000제곱미터 이하 • 빙판면적 3,000제곱미터 초과	1명 이상 2명 이상

승마장업	• 말 20마리 이하 • 말 20마리 초과	1명 이상 2명 이상
수영장업	• 수영조 바닥면적이 400제곱미터 이하인 실내 수영장 • 수영조 바닥면적이 400제곱미터를 초과하는 실내 수영장	1명 이상 2명 이상
체육도장업	• 운동전용면적 300제곱미터 이하 • 운동전용면적 300제곱미터 초과	1명 이상 2명 이상
골프연습장업	• 20타석 이상 50타석 이하 • 50타석 초과	1명 이상 2명 이상
체력단련장업	• 운동전용면적 300제곱미터 이하 • 운동전용면적 300제곱미터 초과	1명 이상 2명 이상

(3) 스포츠시설 이용 안전관리

「체육시설의 설치·운영에 관한 법률」 제24조(안전·위생 기준)에 따른 동법 시행규칙 제23조(안전·위생 기준)을 이해해야 한다. '공통기준과 10개 종류의 체육시설업에 관한 기준'을 살펴보면 다음과 같다.

공통기준	(1) 체육시설 내에서는 이용자가 항상 이용질서를 유지하게 하여야 한다. (2) 이용자의 체육활동에 제공되거나 이용자의 안전을 위한 각종 시설·설비·장비·기구 등은 안전하게 정상적으로 이용될 수 있는 상태를 유지하도록 하여야 한다. (3) 이용자의 안전을 해칠 우려가 있다고 판단될 때에는 그 체육시설의 이용을 제한하여야 한다. (4) 체육시설업의 해당 종목의 특성을 고려하여 음주 등으로 정상적인 이용이 곤란하다고 판단될 때에는 음주자 등의 이용을 제한하여야 한다. (5) 체육시설의 정원을 초과하여 이용하게 하여서는 아니 된다. (6) 화재발생에 대비하여 소화기를 설치하고, 이용자가 쉽게 알아볼 수 있는 곳에 피난안내도를 부착하거나 피난방법에 대하여 고지하여야 한다. (7) 체육시설업자는 체육시설 내에서 사망사고가 발생한 경우에는 해당 체육시설업을 등록 또는 신고한 지방자치단체의 장에게 즉시 보고하여야 한다.

체육 시설업 종류별 기준	골프장업	• 코스관리요원(골프장에서 잔디 및 수목의 식재, 재배, 병해충 방제와 체육활동을 위한 풀베기작업과 농약의 안전한 사용·보관 및 오염 방지 등에 관한 업무에 종사하는 자) 배치 ▸ 18홀 이하 → 1명 이상 ▸ 18홀을 초과 → 2명 이상 ※ 골프장엔 응급실이 필요 없음

골프장업 세부표

18홀 이하	1명 이상
18홀을 초과	2명 이상

※ 골프장엔 응급실이 필요 없음

스키장업

(1) 스키지도요원(스키장에서 이용자에게 스키에 관한 지식과 스키를 타는 방법, 기술 및 안전 등에 관하여 교습하는 업무에 종사하는 사람) 및 스키구조요원(스키장에서 슬로프를 순찰하여 안전사고 예방과 사고 발생 시 인명구조 및 후송 등의 업무에 종사하는 사람)을 배치

스키지도요원	5만제곱미터당 1명 이상
스키구조요원	• 슬로프별로 2명 이상 • 슬로프 길이가 1.5킬로미터 이상인 슬로프는 3명 이상

(2) 리프트 승·하차장 보조요원 배치

각 리프트의 승차장	2명 이상의 승차보조요원
각 리프트의 하차장	1명 이상의 하차보조요원

(3) 응급구조사 배치

응급구조사	1명 이상 배치

※ 스키장업에는 응급실 필요

(4) 스키장 시설이용에 관한 안전수칙을 3곳 이상 장소 게시

(5) 이용자가 안전모를 착용하도록 지도, 이용자가 안전모의 대여를 요청할 때 대여할 수 있는 충분한 수량 구비

요트장업·조정장업 및 카누장업

(1) 이용자가 항상 구명대를 착용하고 이용하게 하여야 한다.

(2) 수상안전요원 및 감시요원 배치

구조용 선박	수상안전요원 1명 이상
감시탑	감시요원 1명 이상

(3) 요트장업의 경우에는 특별자치도지사·시장·군수 또는 구청장이 요트장의 지형 여건 등을 고려하여 안전수칙을 정한 경우에는 이를 지켜야 한다.

자동차 경주장업	(1) 경주참가차량이나 일반주행차량 등 트랙을 이용하는 차량에 대하여는 사전에 점검을 한 후 경주나 일반주행에 참가 (2) 경주참가자나 일반주행자 등 트랙이용자에 대하여는 사전에 주행능력을 평가하여 부적격자는 트랙의 이용을 제한시킴 (3) 경주진행 및 안전 등에 관한 규칙을 자체적으로 제정하여 경주참가자나 일반주행자 등 트랙이용자에게 사전에 교육 (4) 경주의 안전한 진행에 필요한 통제소요원, 감시탑요원 및 진행요원 등 각종 요원은 각각 해당 분야의 지식과 기술을 보유한 자로서 시설의 규모에 따라 적절하게 배치 (5) 관람자에게 사전에 안전에 관한 안내 방송을 하여야 함 (6) 인력배치 	경주 기간	의사 및 간호사 또는 응급구조사 각 1명 이상 | 	그 외의 운영 기간	간호사 또는 응급구조사 1명 이상 | ※ 자동차 경주장업에는 응급실 필요 (7) 이용자가 안전모, 목보호대, 불연(不燃) 의복·장갑 등 안전장구를 착용하도록 지도, 이용자가 이들의 대여를 요청할 때 대여할 수 있는 충분한 수량을 갖추어야 함
승마장업	(1) 이용자가 항상 승마용 신발을 착용하고 승마를 하도록 함 (2) 장애물 통과에 관한 승마를 하는 자는 헬멧을 착용하도록 함 (3) 말이 놀라서 낙마사고가 발생하지 않도록 마장 주변에서 고성방가, 자동차 경적 등을 금지
종합체육 시설업	종합 체육시설업을 구성하고 있는 해당 체육시설업의 안전·위생 기준에 따름
수영장업	(1) 수영조, 주변공간 및 부대시설 등의 규모를 고려하여 안전과 위생에 지장이 없다고 인정하는 범위에서 특별자치도지사·시장·군수 또는 구청장이 정하는 입장자의 정원을 초과하여 입장시켜서는 아니 됨 (2) 수영조에서 동시에 수영할 수 있는 인원은 도약대의 높이, 수심, 수영조의 면적 및 수상안전시설의 구비 정도 등을 고려

위 표의 마지막 셀 내부 중첩 표:

도약대의 전면 돌출부의 최단 부분에서 반지름 3미터 이내의 수면	5명 이상이 동시에 수영 금지

(3) 간호사 배치

개장 중인 실외 수영장	간호조무사 1명 이상을 배치

※ 수영장업에는 응급실 필요

(4) 수영조의 욕수(浴水)는 1일 3회 이상 여과기를 통과
(5) 욕수의 조절, 침전물의 유무 및 사고의 유무를 확인하기 위하여 1시간마다 수영조 안의 수영자를 밖으로 나오도록 함
(6) 수질기준

유리잔류염소	0.4mg/l~1.0mg/l
수소이온농도	5.8~8.6
탁도	1.5NTU 이하
과망간산칼륨의 소비량	12mg/l 이하
대장균군	10밀리리터들이 시험대상 욕수 5개 중 양성이 2개 이하
비소	0.05mg/l 이하
수은	0.007mg/l 이하
알루미늄	0.5mg/l 이하

(7) 수영조 주위의 적당한 곳에 수영장의 정원, 욕수의 순환 횟수, 잔류염소량, 수소이온농도 및 수영자의 준수사항을 게시
(8) 수영조 안에 미끄럼틀을 설치하는 경우 관리요원을 배치
(9) 수상안전요원 인력배치

감시탑	수상안전요원 2명 이상 배치

썰매장업

(1) 안전요원 배치

출발지점	1명 이상 안전요원 배치
도착지점	1명 이상 안전요원 배치

(2) 슬로프 내에 장애물이 없도록 함. 슬로프 내의 바닥면을 평탄하게 유지·관리
(3) 눈썰매장인 경우에는 슬로프의 가장자리(안전매트 안쪽)를 모두 폭 1미터 이상, 높이 50센티미터 이상의 눈을 쌓거나 공기매트 등 보호시설을 설치
(4) 슬로프의 바닥면이 잔디나 그 밖의 인공재료인 경우에는 바닥면의 물리적·화학적 특성에 따라 이용자의 안전에 필요한 조치를 하여야 함

무도학원업 및 무도장업

(1) 동시수용인원 기준

무도학원업	3.3제곱미터당 동시수용인원 1명 초과 금지
무도장업	3.3제곱미터당 동시수용인원 2명 초과 금지

(2) 냉·난방시설은 보건위생상 적절한 것이어야 함

| 빙상장업 | 이용자가 안전모, 보호장갑 등 안전장구를 착용하도록 지도, 이용자가 안전모 등의 대여를 요청할 때 대여할 수 있는 충분한 수량을 갖추어야 함 |

(4) 스포츠시설 이용상해 및 보험

체육시설의 설치·이용에 관한 법률 제26조(보험 가입)에 따른 시행규칙 제25조(보험 가입)에 대해 이해해야 한다.

개념	• 체육시설업자는 체육시설업을 등록하거나 신고한 날부터 10일 이내에 손해보험에 가입 • 단체 가입 가능
기준	• 손해보험에 가입한 체육시설업자는 증명서류를 제출
	등록체육시설업자 | 시·도지사
	신고체육시설업자 | 특별자치도지사, 시장, 군수, 구청장
	※ 단, 소규모 체육시설업자(체육도장업, 골프연습장업, 체력단련장업, 골프연습장업, 당구장업)는 보험 가입 면제

3. 중소기업창업 지원법

「중소기업창업 지원법」은 약칭 중소기업창업법으로 불리며 1986년에 제정된 이후, 다른 법령과 시대 추이에 맞게 지속적인 개정을 거쳐 오늘에 이르고 있다. 정부조직법 개정에 따라 중소기업청에서 중소벤처기업부로 승격되면서 사업의 일관성과 효율성을 높이고자 했다. 특히 기술창업 활성화(2020.2월 시행)를 통해 창의적인 아이디어와 신기술 등을 활용한 청년고용의 창출하기 위한 지원방안을 마련했다.

이 법령 2조에 명시된 바에 따르면 다음 세 가지의 경우는 창업으로 바라보지 않는다.

① 사업의 승계

② 기업형태의 변경

③ 폐업 후 같은 종류의 사업재개

◈ 「조세특례제한법」 및 「지방특례제한법」에서 창업으로 보지 않는 경우
① 사업의 승계
② 법인전환
③ 폐업 후 사업 재개
④ 사업의 확장 및 업종 추가

또한 제3조 및 시행령 제4조에 따르면 창업지원에서 제외되는 업종의 범위가 제시돼 있다.

① 금융 및 보험업

② 부동산업

③ 숙박 및 음식점업(호텔업, 휴양콘도운영법, 기타 관광숙박 시설 운영업 및 상시근로자 20명 이상의 법인인 음식점은 제외)

④ 무도장운영업

⑤ 골프장 및 스키장운영업

⑥ 기타 갬블링 및 베팅업

⑦ 기타 개인서비스업

핵심적인 내용을 살펴보면 다음과 같다.

제1조(목적)
이 법은 중소기업의 설립을 촉진하고 성장 기반을 조성하여 중소기업의 건전한 발전을 통한 건실한 산업구조의 구축에 기여함을 목적

제2조(정의)
1. 창업 – 중소기업을 새로 설립하는 것

■ **창업의 범위(시행령)**

① 타인으로부터 사업을 승계하여 승계 전의 사업과 같은 종류의 사업을 계속하는 경우. 다만, 사업의 일부를 분리하여 해당 기업의 임직원이나 그 외의 자가 사업을 개시하는 경우로서 중소벤처기업부령으로 정하는 요건에 해당하는 경우는 제외한다.

② 개인사업자인 중소기업자가 법인으로 전환하거나 법인의 조직변경 등 기업형태를 변경하여 변경 전의 사업과 같은 종류의 사업을 계속하는 경우

③ 폐업 후 사업을 개시하여 폐업 전의 사업과 같은 종류의 사업을 계속하는 경우

■ **창업에서 제외되는 업종(시행령)**

① 일반유흥주점업

② 무도유흥주점업

③ 기타 사행시설 관리 및 운영업

■ **창업촉진사업(시행령)**

① 예비창업자 대상 창업교육

② 창업 관련 정보 제공

③ 창업 공간 지원

④ 시제품 제작 지원

⑤ 창업자의 판로 지원

⑥ 창업 관련 정보시스템의 운영

2. 창업자－사업을 개시한 날부터 7년이 지나지 아니한 자

3. 창업기획자(액셀러레이터)－초기창업자 등의 선발, 투자, 전문보육을 주된 업무로 하는 자

4. 창업보육센터－창업의 성공 가능성을 높이기 위하여 창업자에게 시설·장소를 제공하고, 경영·기술 분야에 대하여 지원하는 것을 목적으로 하는 사업장

제4조(창업지원계획의 수립 등)

① 중소벤처기업부장관은 창업을 촉진하고, 창업자의 성장·발전을 위한 중소기업 창업지원계획을 세워 고시하여야 함

② 정부는 창업자 및 대통령령으로 정하는 창업지원에 관한 사업을 하는 자에 대하여

필요한 자금을 투자·출연·보조·융자하거나 그 밖에 필요한 지원을 할 수 있음

제4조의4(지역특화산업 창업의 지원)
① 중소벤처기업부장관은 지역의 고용창출 및 지역경제 활성화를 위하여 지역특화산업에 속하는 업종의 창업을 촉진하는 계획을 수립할 수 있음
② 지방자치단체의 장은 제1항에 따른 계획에 따라 해당 지방자치단체의 지역특화산업의 기술과 경험을 보유한 예비창업자 또는 창업자의 발굴·육성 및 그에 대한 지원 등의 사업을 추진할 수 있음

제4조7(기술창업 활성화 등)
① 정부는 창의적인 아이디어, 신기술 등에 기반하여 기술창업을 활성화하고, 중소기업의 기술혁신 역량을 강화하기 위하여 필요한 시책을 세우고 추진하여야 함
② 장관이 지역별로 지정한 전담기관은 다음 각 호의 업무를 수행함
  1. 지역의 기술창업 활성화 및 기업가정신 고취를 위한 추진과제 발굴 및 운영
  2. 지역 중소기업의 기술혁신 역량 강화를 위한 지원과 이를 위한 관련 기관·프로그램의 연계 및 총괄
  3. 지역 중소기업의 투자 생태계 활성화를 위한 지원과 이를 위한 관련 기관·프로그램의 연계 및 총괄
  4. 지역의 예비창업자, 창업자 또는 중소기업과 관련된 법률·금융·고용·특허 등 상담과 관련 사무의 지원
  5. 창의적인 아이디어, 신기술 등을 활용한 청년고용 창출 지원 및 교육 프로그램 운영

제6조(창업보육센터사업자의 지정 등)
① 창업보육센터를 설립·운영하는 자는 중소벤처기업부장관의 지정을 받아야 함
  1. 다음 각 목의 시설을 갖출 것
    가. 창업자가 이용할 수 있는 시험기기나 계측기기 등의 장비
    나. 10인 이상의 창업자가 사용할 수 있는 500제곱미터 이상의 시설
  2. 경영학 분야의 박사학위 소지자,「변호사법」에 따른 변호사, 그 밖에 대통령령으로 정하는 전문인력 중 2명 이상을 확보할 것
  3. 창업보육센터사업을 수행하기 위한 사업계획 등이 중소벤처기업부령으로 정하는 기준에 맞을 것

제19조의3(초기창업자의 선발 및 투자)

① 액셀러레이터는 지원할 초기창업자를 선발하여 대통령령으로 정하는 금액 이상을 투자하여야 함

② 액셀러레이터가 제1항에 따라 초기창업자를 선발할 때에는 창업자 선발대회 또는 그 밖의 공정한 방법에 따라야 함

제19조의4(초기창업자에 대한 전문보육 등)

① 액셀러레이터는 초기창업자의 성공 가능성을 높이기 위하여 대통령령으로 정하는 기간 이상 다음 각 호에 해당하는 사항을 지원하여야 함

  1. 사업 모델 개발
  2. 기술 및 제품 개발
  3. 시설 및 장소의 확보
  4. 그 밖에 중소벤처기업부령으로 정하는 지원

② 액셀러레이터는 전문보육의 성과를 제고하기 위하여 초기창업자에 대하여 다음 각 호에 해당하는 사항을 추가적으로 지원할 수 있음

  1. 투자자와의 제휴
  2. 초기창업자 홍보
  3. 다른 기업과의 인수·합병
  4. 초기창업자의 해외 진출

제31조(중소기업상담회사의 등록)

① 이 법에 따른 지원을 받으려는 자는 중소벤처기업부령으로 정하는 바에 따라 중소벤처기업부장관에게 중소기업상담회사로 등록하여야 함

  1. 중소기업의 사업성 평가
  2. 중소기업의 경영 및 기술 향상을 위한 용역
  3. 중소기업에 대한 사업의 알선
  4. 중소기업의 자금 조달·운용에 대한 자문 및 대행
  5. 창업 절차의 대행
  6. 창업보육센터의 설립·운영에 대한 자문
  7. 제1호부터 제6호까지의 사업에 딸린 사업으로서 중소벤처기업부장관이 정하는 사업

제33조(사업계획의 승인)

① 제조업을 영위하고자 하는 창업자는 대통령령으로 정하는 바에 따라 사업계획을 작성하고, 이에 대한 시장·군수 또는 구청장(자치구의 구청장만을 말함)의 승인을 받아 사업을 할 수 있음

② 시장·군수 또는 구청장은 제1항에 따른 사업계획의 승인 신청을 받은 날부터 20일 이내에 승인 여부를 알려야 함. 이 경우 20일 이내에 승인 여부를 알리지 아니한 때에는 20일이 지난 날의 다음 날에 승인한 것으로 봄

③ 중소벤처기업부장관은 창업에 따른 절차를 간소화하기 위하여 제1항에 따른 사업계획 승인에 관한 업무를 처리할 때 필요한 지침을 작성하여 고시할 수 있음

출처: 법제처 www.moleg.go.kr

4. 협동조합 기본법

협동조합 기본법은 2012년에 제정된 법령이다. 이 법의 목적(제1조)에 취지가 잘 드러나듯이 자주적, 자립적, 자치적인 협동조합 활동을 촉진하고, 사회통합과 국민경제의 균형 있는 발전에 기여함을 목적으로 하고 있다. 핵심적인 내용을 살펴보면 다음과 같다.

제1조(목적)

이 법은 협동조합의 설립·운영 등에 관한 기본적인 사항을 규정함으로써 자주적·자립적·자치적인 협동조합 활동을 촉진하고, 사회통합과 국민경제의 균형 있는 발전에 기여함을 목적으로 함

제2조(정의)

1. "협동조합"이란 재화 또는 용역의 구매·생산·판매·제공 등을 협동으로 영위함으로써 조합원의 권익을 향상하고 지역 사회에 공헌하고자 하는 사업조직

2. "협동조합연합회"란 협동조합의 공동이익을 도모하기 위하여 제1호에 따라 설립된 협동조합의 연합회

3. "사회적협동조합"이란 제1호의 협동조합 중 지역주민들의 권익·복리 증진과 관련된 사업을 수행하거나 취약계층에게 사회서비스 또는 일자리를 제공하는 등

영리를 목적으로 하지 아니하는 협동조합

4. "사회적협동조합연합회"란 사회적협동조합의 공동이익을 도모하기 위하여 제3
호에 따라 설립된 사회적협동조합의 연합회

제4조(법인격과 주소)

① 협동조합 등은 법인으로 함

② 사회적협동조합 등은 비영리법인으로 함

③ 협동조합 등 및 사회적협동조합 등의 주소는 그 주된 사무소의 소재지로 하고, 정
관으로 정하는 바에 따라 필요한 곳에 지사무소를 둘 수 있음

제10조의2(경영 지원)

기획재정부장관은 협동조합 등 및 사회적협동조합 등의 설립·운영에 필요한 경영·
기술·세무·노무(勞務)·회계 등의 분야에 대한 전문적인 자문 및 정보 제공 등의 지
원을 할 수 있음

제10조의3(교육훈련 지원)

기획재정부장관은 협동조합 등 및 사회적협동조합 등의 설립·운영에 필요한 전문인
력의 육성, 조합원등의 능력향상을 위하여 교육훈련을 실시할 수 있음

제11조(협동조합에 관한 정책)

① 기획재정부장관은 협동조합에 관한 정책을 총괄하고 협동조합의 자율적인 활동을
촉진하기 위한 기본계획을 3년마다 수립하여야 함

② 기본계획에는 다음 각 호의 내용이 포함되어야 함

1. 협동조합 등 및 사회적협동조합 등을 활성화하기 위한 기본방향
2. 협동조합 등 및 사회적협동조합 등을 활성화하기 위한 관련 법령과 제도의 개선
3. 협동조합 등 및 사회적협동조합 등의 발전 전략 및 기반 조성에 관한 사항
4. 협동조합 등 및 사회적협동조합 등의 상호협력 및 협동조합 정책과 관련된 관계
기관 간 협력에 관한 사항

제15조(설립신고 등)

① 협동조합을 설립하려는 경우에는 5인 이상의 조합원 자격을 가진 자가 발기인이 되어
정관을 작성하고 창립총회의 의결을 거친 후 주된 사무소의 소재지를 관할하는 시·
도지사에게 신고하여야 함. 신고한 사항을 변경하는 경우에도 또한 같음

② 창립총회의 의사는 창립총회 개의 전까지 발기인에게 설립동의서를 제출한 자 과반수의 출석과 출석자 3분의 2 이상의 찬성으로 의결함

제16조(정관)

① 협동조합의 정관에는 다음 각 호의 사항이 포함되어야 함
  1. 목적
  2. 명칭 및 주된 사무소의 소재지
  3. 조합원 및 대리인의 자격
  4. 조합원의 가입, 탈퇴 및 제명에 관한 사항
  5. 출자 1좌의 금액과 납입 방법 및 시기, 조합원의 출자좌수 한도
  6. 조합원의 권리와 의무에 관한 사항
  7. 잉여금과 손실금의 처리에 관한 사항
  8. 적립금의 적립방법 및 사용에 관한 사항
  9. 사업의 범위 및 회계에 관한 사항
  10. 기관 및 임원에 관한 사항
  11. 공고의 방법에 관한 사항
  12. 해산에 관한 사항
  13. 출자금의 양도에 관한 사항
  14. 그 밖에 총회·이사회의 운영 등에 필요한 사항
② 제1항제5호에 따른 출자 1좌의 금액은 균일하게 정하여야 함
③ 협동조합의 정관의 변경은 설립신고를 한 시·도지사에게 신고를 하여야 그 효력이 발생함

제20조(조합원의 자격)

조합원은 협동조합의 설립 목적에 동의하고 조합원으로서의 의무를 다하고자 하는 자로 한다.

제21조(가입)

① 협동조합은 정당한 사유 없이 조합원의 자격을 갖추고 있는 자에 대하여 가입을 거절하거나 가입에 있어 다른 조합원보다 불리한 조건을 붙일 수 없다.
② 협동조합은 제1항에도 불구하고 정관으로 정하는 바에 따라 협동조합의 설립 목적 및 특성에 부합되는 자로 조합원의 자격을 제한할 수 있다.

제22조(출자 및 책임)

① 조합원은 정관으로 정하는 바에 따라 1좌 이상을 출자하여야 함. 다만, 필요한 경우 정관으로 정하는 바에 따라 현물을 출자할 수 있음

② 조합원 1인의 출자좌수는 총 출자좌수의 100분의 30을 넘어서는 아니 됨

③ 조합원이 납입한 출자금은 질권의 목적이 될 수 없음

④ 협동조합에 납입할 출자금은 협동조합에 대한 채권과 상계하지 못함

⑤ 조합원의 책임은 납입한 출자액을 한도로 함

제23조(의결권 및 선거권)

① 조합원은 출자좌수에 관계없이 각각 1개의 의결권과 선거권을 가짐

② 조합원은 대리인으로 하여금 의결권 또는 선거권을 행사하게 할 수 있음. 이 경우 그 조합원은 출석한 것으로 봄

제28조(총회)

① 협동조합에 총회를 둠

② 총회는 이사장과 조합원으로 구성함

③ 이사장은 총회를 소집하며, 총회의 의장이 됨

④ 정기총회는 매년 1회 정관으로 정하는 시기에 소집하고, 임시총회는 정관으로 정하는 바에 따라 필요하다고 인정될 때 소집할 수 있음

⑤ 이사장은 총회 개최 7일 전까지 회의목적·안건·일시 및 장소를 정하여 정관으로 정한 방법에 따라 총회소집을 통지하여야 함

■ 총회 의결사항(법 제29조)

1. 정관의 변경
2. 규약의 제정·변경 또는 폐지
3. 임원의 선출과 해임
4. 사업계획 및 예산의 승인
5. 결산보고서의 승인
6. 감사보고서의 승인
7. 협동조합의 합병·분할·해산 또는 휴업

8. 조합원의 제명

8의2. 탈퇴 조합원(제명된 조합원을 포함한다)에 대한 출자금 환급

9. 총회의 의결을 받도록 정관으로 정하는 사항

10. 그 밖에 이사장 또는 이사회가 필요하다고 인정하는 사항

제32조(이사회)

① 협동조합에 이사회를 둠

② 이사회는 이사장 및 이사로 구성함

③ 이사장은 이사회를 소집하고 그 의장이 됨

④ 이사회는 구성원 과반수의 출석과 출석원 과반수의 찬성으로 의결하며, 그 밖에 이사회의 개의 및 의결방법 등 이사회의 운영에 관하여 필요한 사항은 정관으로 정함

⑤ 제1항에도 불구하고 조합원 수가 10인 미만인 협동조합은 총회의 의결을 받아 이사회를 두지 아니할 수 있음

■ 이사회 의결사항(법 제33조)

1. 협동조합의 재산 및 업무집행에 관한 사항

2. 총회의 소집과 총회에 상정할 의안

3. 규정의 제정·변경 및 폐지

4. 사업계획 및 예산안 작성

5. 법령 또는 정관으로 이사회의 의결을 받도록 정하는 사항

6. 그 밖에 협동조합의 운영에 중요한 사항 또는 이사장이 부의하는 사항

제45조(사업)

① 협동조합은 설립 목적을 달성하기 위하여 필요한 사업을 자율적으로 정관으로 정하되, 다음 각 호의 사업은 포함하여야 함

1. 조합원과 직원에 대한 상담, 교육·훈련 및 정보 제공 사업

2. 협동조합 간 협력을 위한 사업

3. 협동조합의 홍보 및 지역사회를 위한 사업

② 협동조합의 사업은 관계 법령에서 정하는 목적·요건·절차·방법 등에 따라 적법하고 타당하게 시행되어야 함

③ 협동조합은 한국표준산업분류에 의한 금융 및 보험업을 영위할 수 없음

■ 사회적 협동조항의 사업(법 제93조)

① 사회적협동조합은 다음 각 호의 사업 중 하나 이상을 주 사업으로 하여야 함

  1. 지역(시·도의 관할 구역을 말하되, 실제 생활권이 둘 이상인 시·도에 걸쳐 있는 경우에는 그 생활권 전체를 말함) 사회의 재생, 지역 경제의 활성화, 지역 주민들의 권익·복리 증진 및 그 밖에 지역 사회가 당면한 문제 해결에 기여하는 사업

  2. 대통령령으로 정하는 취약계층에 복지·의료·환경 등의 분야에서 사회서비스를 제공하는 사업

  3. 대통령령으로 정하는 취약계층에 일자리를 제공하는 사업

  4. 국가·지방자치단체로부터 위탁받은 사업

  5. 그 밖에 공익증진에 이바지 하는 사업

② 제1항 각 호에 따른 주 사업은 협동조합 전체 사업량의 100분의 40 이상

제46조(사업의 이용)

협동조합은 대통령령으로 정하는 사업을 제외하고는 조합원의 이용에 지장이 없는 범위에서 정관으로 정하는 바에 따라 조합원이 아닌 자에게 그 사업을 이용하게 할 수 있다.

출처: 법제처 www.moleg.go.kr

여기서 잠깐! 비영리법인을 활용한 공공스포츠클럽 운영

공공체육시설을 소유하는 지방자치단체는 앞서 언급한 것처럼 법에 근거하여 개인이나 단체에 위탁 경영을 맡길 수 있다. 통상 비영리 법인형식을 갖춘 단체에 맡김으로써 법적 지위를 확보하고 정부 지원의 근거를 마련한다. 또한 투명한 경영을 관리 감독하기 위해 각 시·도 체육회와 유기적 연관을 맺게 한다. 대표적으로 '비영리 사단법인'과 '사회적 협동조합'이 있다. 각각 '비영리민간단체 지원법'과 '협동조합 기본법'에 근거하여 총회, 이사회 개최 등의 의결 절차를 준수하고, 철저한 감사와 총회 보고에 따라 다수가 관리 감독하는 체계이다.

구분	비영리사단법인	사회적협동조합
법인격	비영리법인	비영리법인
설립주체	발기인(2인 이상)	발기인(5인 이상), 단 조합원이 2개 이상의 이해관계자로 구성되어야 함
기본재산 (출자금)	약 5천만 원(시도별 차등) - 발기인의 기본재산 마련에 대한 제약조건은 없음.	자본금 규모와 상관없이 설립 가능 - 출자금의 최저 및 최고한도 없음 - 1인이 전체 30% 이상 납입 불가
법정 적립금	적립 비율 등 규제가 없음	잉여금의 30%(자기자본의 3배까지)
기타	세제 혜택, 기부금단체 지원 등 두 법인 혜택 동일	

※ 출처: 문개성(2019). 스포츠 경영: 21세기 비즈니스 미래 전략. 박영사, P.249.

5. 1인 창조기업 육성에 관한 법률

이 법은 2011년에 제정됐다. 약칭으로 1인창조기업법이라 불린다. 제2조(정의)에 명시됐듯이 1인에서 5인 미만의 공동사업자가 상시근로자 없이 사업을 영위하는 개인을 위한 법이다. 유통 플랫폼이 다양하게 발전하는 4차 산업혁명시대에 좋은 콘텐츠 하나만을 갖고 대중의 시선을 사로잡는 자생적인 수익창출 구조에 법으로 뒷받침하고자 하였다. 핵심적인 내용을 살펴보면 다음과 같다.

제1조(목적)
이 법은 창의성과 전문성을 갖춘 국민의 1인 창조기업 설립을 촉진하고 그 성장기반을 조성하여 1인 창조기업을 육성함으로써 국민경제의 발전에 이바지함을 목적으로 함

제2조(정의)
이 법에서 "1인 창조기업"이란 창의성과 전문성을 갖춘 1인 또는 5인 미만의 공동사업자로서 상시근로자 없이 사업을 영위하는 자(부동산업 등 대통령령으로 정하는 업종을 영위하는 자는 제외한다)를 말함

제3조(1인 창조기업 인정의 특례)

1인 창조기업이 규모 확대의 이유로 1인 창조기업에 해당하지 아니하게 된 경우에는 그 사유가 발생한 연도의 다음 연도부터 3년간은 제2조에도 불구하고 1인 창조기업으로 봄

제5조(1인 창조기업 육성계획의 수립 등)

① 중소벤처기업부장관은 1인 창조기업을 육성하기 위하여 3년마다 1인 창조기업 육성계획을 문화체육관광부장관 등 관계 중앙행정기관의 장과 협의를 거쳐 수립·시행하여야 함

② 육성계획에는 다음 각 호의 사항이 포함되어야 함

  1. 1인 창조기업의 육성을 위한 정책의 기본방향
  2. 1인 창조기업의 창업지원에 관한 사항
  3. 1인 창조기업의 기반조성에 관한 사항
  4. 1인 창조기업 관련 통계 조사·관리에 관한 사항
  5. 그 밖에 1인 창조기업의 육성을 위하여 필요한 사항

제6조(실태조사)

중소벤처기업부장관은 1인 창조기업을 체계적으로 육성하고 육성계획을 효율적으로 수립·추진하기 위하여 매년 1인 창조기업의 활동현황 및 실태 등에 대한 조사를 하고 그 결과를 공표하여야 함

제8조(1인 창조기업 지원센터의 지정 등)

① 정부는 1인 창조기업 및 1인 창조기업을 하고자 하는 자를 지원하기 위하여 필요한 전문인력과 시설을 갖춘 기관 또는 단체를 1인 창조기업 지원센터로 지정할 수 있음

② 지원센터는 다음 각 호의 사업을 함

  1. 1인 창조기업에 대한 작업공간 및 회의장 제공
  2. 1인 창조기업에 대한 경영·법률·세무 등의 상담
  3. 그 밖에 중소벤처기업부장관이 위탁하는 사업

③ 정부는 제1항에 따라 지정한 지원센터에 대하여 예산의 범위에서 제2항 각 호의 사업을 수행하는 데 필요한 경비의 전부 또는 일부를 지원할 수 있음

제9조(지식서비스 거래지원)

중소벤처기업부장관은 1인 창조기업의 지식 서비스 거래를 활성화하기 위하여 지식 서비스를 제공하는 1인 창조기업 및 1인 창조기업으로부터 지식서비스를 제공받는 자 등에 대한 지원사업을 할 수 있음

제10조(교육훈련 지원)

① 정부는 1인 창조기업 및 1인 창조기업을 하고자 하는 자의 전문성과 역량을 강화하기 위하여 교육훈련을 지원할 수 있음

② 정부는 제1항에 따른 교육훈련에 관한 업무를 대통령령으로 정하는 인력 및 시설 등을 갖춘 법인으로서 정부가 지정하는 기관 또는 단체에 위탁할 수 있음

③ 정부는 제2항에 따라 교육훈련에 관한 업무를 위탁받은 교육기관에 대하여 대통령령으로 정하는 바에 따라 업무 수행에 필요한 경비의 전부 또는 일부를 지원할 수 있음

제11조(기술개발 지원)

중소벤처기업부장관은 우수한 아이디어와 기술을 보유한 1인 창조기업을 위하여 다음 각 호의 지원을 할 수 있음

  1. 1인 창조기업의 단독 또는 공동 기술개발
  2. 1인 창조기업과 「중소기업기본법」에 따른 중소기업 간의 공동 기술개발
  3. 그 밖에 1인 창조기업의 기술개발을 촉진하기 위하여 필요한 사항

제12조(아이디어의 사업화 지원)

① 정부는 사업 성공 가능성이 높은 아이디어를 가진 1인 창조기업을 선정하여 아이디어의 사업화를 위한 지원을 할 수 있음

② 정부는 제1항에 따라 아이디어의 사업화 지원 대상으로 선정된 1인 창조기업이 다음 각 호의 어느 하나에 해당하는 경우에는 선정을 취소할 수 있음

  1. 선정된 1인 창조기업이 아이디어의 도용(盜用) 등 거짓이나 그 밖의 부정한 방법으로 선정된 경우
  2. 선정된 1인 창조기업이 사업화를 포기한 경우
  3. 선정된 1인 창조기업의 책임 있는 사유로 사업화가 지연되어 처음에 기대하였던 성과를 거두기 곤란하거나 선정된 1인 창조기업이 사업화를 완수할 능력이 없다고 인정되는 경우

4. 부도·폐업 등의 사유로 선정된 1인 창조기업이 사업화를 계속 수행하는 것이 불가능하거나 계속 수행할 필요가 없다고 인정되는 경우

제13조(해외진출 지원)

정부는 1인 창조기업의 해외시장 진출을 촉진하기 위하여 관련 기술 및 인력의 국제교류, 국제행사 참가 등의 사업을 지원할 수 있음

제14조(홍보사업 등)

정부는 1인 창조기업에 대한 국민의 인식을 높이고 1인 창조기업을 육성하기 위하여 다음 각 호의 사업을 추진할 수 있음

1. 1인 창조기업의 성공사례 발굴·포상 및 홍보
2. 1인 창조기업 활성화를 위한 포럼 및 세미나 개최
3. 그 밖에 중소벤처기업부장관이 필요하다고 인정하여 공고하는 사업

제15조(금융 지원)

① 정부는 1인 창조기업에 대하여 필요한 자금을 융자·투자하거나 그 밖에 필요한 지원을 할 수 있음
② 정부는 1인 창조기업의 설립 및 활동에 필요한 자금을 원활하게 조달하기 위하여 「신용보증기금법」에 따른 신용보증기금, 「기술보증기금법」에 따른 기술보증기금 및 「지역신용보증재단법」 제9조에 따라 설립한 신용보증재단으로 하여금 1인 창조기업을 대상으로 하는 보증제도를 수립·운용하도록 할 수 있음

제17조(조세에 대한 특례)

국가와 지방자치단체는 1인 창조기업을 육성하기 위하여 1인 창조기업에 대하여 「조세특례제한법」, 「지방세특례제한법」, 그 밖의 조세 관계 법률에서 정하는 바에 따라 소득세·법인세·취득세·재산세 및 등록면허세 등의 조세를 감면할 수 있음

제18조(「식품산업진흥법」에 관한 특례)

「식품산업진흥법」 제2조제4호에 따른 전통식품을 제조하는 1인 창조기업에 대하여는 같은 법 제22조에도 불구하고 대통령령으로 정하는 바에 따라 전통식품의 품질인증 기준을 완화하여 따로 정할 수 있음

출처: 법제처 www.moleg.go.kr

제 **9** 장

스포츠 창업지원 제도

제1절 중소벤처기업부 제도

 여기서 잠깐!   검색만 하면 나오지만, 필요한 홈페이지를 알자!

- 중소벤처기업부 https://www.mss.go.kr
- 중소벤처기업부 비즈니스 사업단 http://www.bizinfo.go.kr
- K-Startup https://www.k-startup.go.kr

1. 소개

우리나라의 창업을 총괄하는 대표적인 국가기관은 중소벤처기업부이다. 1996년 당시 산업자원부의 외청으로 중소기업청이 신설되고, 2017년 벤처란 키워드를 강조하기 위해 중소벤처기업부가 됐다.

홈페이지를 방문하면 다양한 지표, 조사보고서, 경제동향, 통계자료 등을 살필 수 있다. 대표적으로 국내외 이슈, 통계청과 관세청 자료, 국내 산업경쟁력 강화를 위한 전략, 중소기업 현황 등 창업에 필요한 웬만한 자료가 있다. 4장에서 언급했지만 스포츠 창업환경을 이해하기 위해서는 좋은 정보를 선별하고 수시로 접해야 한다.

국가기관 홈페이지를 살펴보면 모든 정부기관, 산하기관, 유관기관, 관련사이트 등의 링크가 연결되도록 돼 있어 연관해서 정보를 찾아볼 수 있다. 중소벤처기업부는 지역별로 12개 지방청이 포진돼 있다. 물론 각 지방청마다 홈페이지가 있어 창업을 하고자 하는 지역에 위치한 지방청을 살펴봐야 한다. 기업을 어떻게 지원하는지, 그 밖에 어떤 정책을 펼치는지를 평소 관심을 가져야 한다.

지방청을 중심으로 중소기업을 위해 비즈니스 사업단을 운영하며 상담과 현장 클리닉을 지원하고 있다. 중소기업의 경영애로 사항을 해소하기 위해 변호사, 관세사, 변리사, 경영·기술 지도사 등 전문가의 인재 풀(Pool)이 등록돼 있어 무료로 종합상담을 받을 수 있다. 지방청과 사무소의 리스트는 다음과 같다.

■ 중소벤처기업부 비즈니스 사업단

구분	주소	전화번호
서울지방중소벤처기업청	경기도 과천시 관문로 47, 정부과천청사 1동 서울지방중소벤처기업청 민원실	02-2110-6351~3
부산지방중소벤처기업청	부산광역시 강서구 녹산산단 335로 8	051-831-1357
울산지방중소벤처기업청	울산광역시 북구 산업로 915	052-210-0031~2
대구·경북지방중소벤처기업청	대구광역시 달서구 성서4차 첨단로 122-11	053-659-2270~3
대구·경북지방중소벤처기업청 경북북부사무소	경북 안동시 축제장길 240 안동상공회의소 2층	054-859-8162
광주·전남지방중소벤처기업청	광주광역시 서구 경열로 17번지 12	062-360-9137~9
광주·전남지방중소벤처기업청 전남동부사무소	전남 순천시 해룡명 율촌산단4로 13	061-727-5416
광주·전남지방중소벤처기업청 제주시험연구센터	제주도 제주시 월평9길 2-21	064-723-2101~3
경기지방중소벤처기업청	경기도 수원시 영통구 반달로 87	031-201-6805~7
경기지방중소벤처기업청 경기북부사무소	경기도 양주시 평화로 1215 경기섬유종합지원센터 206호	031-820-9040~1
인천지방중소벤처기업청	인천광역시 남동구 은봉로 34	032-450-1148~1 150
대전·충남지방중소벤처기업청	대전광역시 유성구 가정북로 104	042-865-6181~3
대전·충남지방중소벤처기업청 충남사무소	충남 천안시 서북구 광장로 215	041-564-3862 or 041-564-2283
강원지방중소벤처기업청	강원 춘천시 안마산로 262	033-260-1625~6
강원지방중소벤처기업청 강원영동사무소	강원도 강릉시 과학단지로 106-11 (대전동 897-2)	033-655-4147
충북지방중소벤처기업청	충북 청원군 오창읍 중심상업2로 48	043-230-5307~8
전북지방중소벤처기업청	전북 전주시 완산구 서원로 77	063-210-6436~9
경남지방중소벤처기업청	경남 창원시 의창구 창이대로 532번길 50	055-268-2546~8

상담과 현장 클리닉은 창업, 경영전략, 수출입, 생산관리, 금융, 인사/노무, 기술, 마
케팅/디자인 등 세부영역별로 홈페이지를 통해서 문의가 가능하니 적극 활용하길 바란
다. 우선 기초 지식을 쌓고, 분야별 전문 지식을 쌓아가는 과정으로 미리 살펴보면 유용
할 것이다.

2. K-Startup

중소벤처기업부에서 창업에 관해 산발적으로 생겨나 운영됐던 플랫폼을 하나로 묶
은 것이 케이 스타트업(K-Startup)이다. 이 홈페이지를 방문하면 창업에 관련한 다양한 커
리큘럼이 있다. 하나씩 살펴보면 다음과 같다. 사업안내, 지원내용, 지원대상, 지원예산,
지원규모, 사업절차, 신청방법, 제출서류, 문의처 등 상세하게 나와 있다.

다시 한 번 강조하지만 이러한 정보를 검색하고 직접 체득하는 과정은 계획을 수립
하는 과정에 포함된다. 진정한 지식은 본인이 직접 체험해야 한다. 실행에 옮기기 전에
시간적 투자를 충분히 해야 한다. 국가에서 지원하는 무료 프로그램을 비롯해 자금을 확
보할 수 있는 공모에 항상 관심을 가져야 한다.

스포츠 창업과 창업지원 자금을 확보할 수 있는 내용에 대해서는 구체적으로 소개
하고자 한다. 직접 홈페이지를 통해 확인해야 한다.

(1) 창업교육
창업에듀(온라인 강좌), 대학창업 교육체계 구축, 공공기술기반 시장연계 창업지원, 스
포츠산업 창업지원센터, 농촌현장 창업보육, 신사업창업사관학교, 청소년 비즈쿨, 메이커
문화 확산, 실전창업교육, 대학 기업가 센터, 장애인 맞춤형 창업교육, IP기반 차세대 영
재기업인 육성사업

※ 스포츠산업 창업지원센터
① 개요: 창업지원센터 6개소(2019년)를 통해 스포츠산업분야 예비창업자 및 3년 미
　만 창업자를 대상으로 창업교육(창업아이템 발굴 및 교육)과 창업보육(시제품 제작, 마케팅,
　멘토링 등) 지원

■ 스포츠산업 창업지원센터

구분	부서	전화번호
문화체육관광부	스포츠산업과	043-203-3157
국민체육진흥공단	산업지원팀	02-970-9615
국민대학교	창업지원센터	02-988-5309
인천대학교	창업지원센터	032-835-9668
한남대학교	창업지원센터	042-629-5782
조선대학교	창업지원센터	062-230-7776
대구대학교	창업지원센터	053-850-4896
헤브론스타벤처스	창업지원센터	02-558-9322

② 지원대상: 예비창업자 및 3년 미만 기업
③ 지원내용
  - 창업교육: 3개월(70시수 이상)/집합이론 교육, 멘토링, 워크숍, 세미나, 현장실습
    등 지원
  - 창업보육: 시제품 제작, 마케팅, 멘토링, 지식재산권 수수료 등 경비 지원
    ※ 창업보육은 창업교육 수료자 중 선발하며 보육지원금(15백만 원~40백만 원) 차
      등지원
④ 홈페이지: https://spobiz.kspo.or.kr

(2) 시설 · 공간
    1인 창조기업 지원센터, 중장년 기술창업센터, K-Global 빅데이터 스타트업 기술
지원, 지역주도형 청년일자리사업, 출판지식창업 보육센터 운영, 지역혁신 생태계 구축
지원, 메이커 스페이스 구축, 창업보육센터 운영지원, 스타트업파크, 판교밸리 창업존 운
영, 소셜벤처 육성, 장애인기업 창업보육실 운영

(3) 멘토링 · 컨설팅

멘토링 플랫폼 운영지원, K-GLOBAL 창업멘토링(ICT 혁신기술 멘토링 프로그램), 실험실 창업 이노베이터 육성, K-Global 클라우드 기반 SW 개발환경 지원, K-Global 시큐리티 스타트업, 농식품 크라우드 펀딩 플랫폼 구축·운영, 생활혁신형 창업지원사업, 여성벤처창업 케어 프로그램, IP 나래 프로그램, IP 디딤돌 프로그램

(4) 사업화

창업도약패키지·창구 프로그램, 청년 등 협동조합 창업지원 사업, 실험실 특화형 창업선도대학 육성, K-Global 엑셀러레이터 육성, K-Global 스타트업 공모전, 관광벤처사업 발굴 및 지원, 콘텐츠 스타트업 창업육성프로그램, 스포츠산업 액셀러레이터, 농산업체 판로지원, 지역 클러스터, 사회적기업가 육성사업, 공간정보창업지원, 해양수산 창업 투자 지원센터, 해양신산업 인큐베이팅, 초기창업패키지, 예비창업패키지, 창업성공패키지(청년창업사관학교), 창업도약패키지, 민·관 공동창업자 발굴·육성, 재도전 성공 패키지, 창업기업지원 서비스 바우처, 포스트 팁스(TIPS), 사내벤처 육성 프로그램, 글로벌 액셀러레이팅, 장애인 창업 사업화 지원, 장애인기업 시제품 제작 지원, 스타트업 특허바우처, 기상기후산업 청년창업 지원사업

※ 스포츠산업 액셀러레이터
① 개요: 액셀러레이터 3개소(2019년)를 통해 스포츠산업분야 5년 미만 창업자를 대상으로 역량함양 교육, 멘토링, 사업화, 투자유치 지원 등 투자 연계형 액셀러레이팅 지원

■ 스포츠산업 액셀러레이터

구분	부서	전화번호
문화체육관광부	스포츠산업과	043-203-3157
국민체육진흥공단	산업지원팀	02-970-9696
와이앤아처	액셀러레이터	02-2690-1550
상상이비즈	액셀러레이터	070-7743-5709
컴퍼니비	액셀러레이터	1544-3769

② 지원대상: 5년 미만 기업
③ 지원내용
 - 액셀러레이터: 6개월/역량함양교육, 멘토링, 네트워킹, 사업화, 초기투자, 후
   속투자 유치 등 지원
   ※ 시제품 제작, 마케팅, 지식재산권 수수료 등 기업 당 35백만 원 사업화 경
     비 지원
   ※ 액셀러레이터 별 선발 기업 중 최소 2개 기업 이상 초기투자
④ 홈페이지: https://spobiz.kspo.or.kr

(5) R & D

농식품 벤처창업 바우처 지원, 창업성장기술 개발사업, 재도전 기술개발 사업, 창업
기획자(액셀러레이터) 등록제도

(6) 행사 · 네트워크

예술창업 아이디어 경진대회(예술해커톤), 환경창업대전(Eco+Start Up Fair), 글로벌 스타
트업 페스티벌(ComeUp), 도전! K-스타트업, 여성창업경진대회, 장애인 창업아이템 경진
대회

(7) 판로 · 해외진출

1인 창조기업 마케팅 지원

※ 1인 창조기업 마케팅 지원
① 개요: 창의적 아이템을 보유한 1인 창조기업에 디자인 개발, 홈페이지 · 홍보영상
  제작 등 마케팅을 지원하여 사업화 역량을 강화
② 지원대상: 「1인 창조기업 육성에 관한 법률」 제2조에 해당하는 1인 창조기업 또
  는 예비창업자
③ 지원대상
 - 총 사업비의 최대 80%(2천만 원 이내) 지원

  - 지원 과제
    - 광고홍보: TV/라디오/옥외 광고, 신문/전문지 홍보, 온라인 홍보
    - 멀티미디어: 홈페이지, 모바일 앱(웹), 홍보동영상
    - 디자인: 전자 카탈로그, 포장디자인, 브랜드 개발

(8) 정책자금

창업기업지원자금, 청년전용창업자금, 엔젤투자매칭펀드

여기서 잠깐!   **창업자금을 지원하는 국가기관의 홈페이지를 알자!**

- 중소벤처기업진흥공단 http://www.kosmes.or.kr
- 중소벤처기업부 산하기관으로 정책자금융자, 중소기업 진단사업, 수출마케팅, 해외산업협력지원, 수출인큐베이터, 인력양성, 스마트공장 도입기업 지원 등의 사업을 추진함
- 매년 '중소기업 정책자금 융자계획 공고'를 8월경에 공지함

※ 창업기업지원자금
① 개요: 우수한 기술력과 사업성은 있으나 자금력이 부족한 창업초기기업의 생산설비, 사업장 건축·매입자금 및 기업 활동 자금을 지원
② 지원대상: 창업일로부터 7년 미만(신청·접수일 기준)인 중소기업 및 창업을 준비 중인 자
③ 융자범위
  - 시설자금: 생산설비 및 시험검사장비 도입 등에 소요되는 자금
    - 정보화 촉진 및 서비스 제공 등에 소요되는 자금
    - 공정설치 및 안정성평가 등에 소요되는 자금
    - 유통 및 물류시설 등에 소요되는 자금
    - 사업장 건축자금, 토지구입비, 임차보증금
      * 토지구입비는 건축허가가 확정된 사업용 부지 및 산업단지 등 계획입지의 입주계약자 중, 6개월 이내 건축착공이 가능한 경우에 한함

　　　• 사업장 확보자금(매입, 경ㆍ공매)

　　　　* 사업장확보자금은 사업영위 필요에 따라 기업 당 3년이내 1회로 한정 지원

　　　− 운전자금: 창업소요 비용, 제품생산 비용 및 기업경영에 소요되는 자금

※ 청년전용창업자금

① 개요: 우수한 아이디어를 보유한 청년층의 창업초기 운영자금 공급으로 창업촉
　　진 및 일자리 창출

② 지원대상

　대표자가 만 39세 이하로 사업 개시일로부터 3년 미만(신청ㆍ접수일 기준)인 중소기
　업 및 창업을 준비 중인 자

　* 창업성공패키지지원의 경우 7년 미만인 창업 및 예비창업자

　* 최종 융자시점에는 사업자등록 필요

③ 지원내용

　　− 융자금리: 연 2.0% 고정

　　− 융자기간: 시설ㆍ운전 6년 이내(거치기간 3년 이내 포함)

　　− 융자한도: 기업당 1억 원 이내

　　− 융자방식: 중진공이 자금 신청ㆍ접수와 함께 교육ㆍ컨설팅 실시 및 사업계획
　　　서 등에 대한 평가를 통하여 융자대상 결정 후 직접대출(융자상환금 조정형)

　　　* 융자상환금 조정형: 정직한 창업실패자에 대하여 심의를 통해 선별적으로
　　　　융자상환금의 일부

여기서 잠깐!　　🖐　**엔제투자창업자금을 지원하는 국가기관의 홈페이지를 알자!**

• 엔젤투자지원센터 https://www.kban.or.kr
• 전문엔젤투자자 및 성공 벤처기업 환경조성을 위해 2012년부터 중소벤처기업부로 위탁받아 운영함
• 매년 엔젤투자매칭펀드 신청매뉴얼, 엔젤클럽 결성 및 등록 매뉴얼, 개인투자조합 등록 안내, 전문
　엔젤투자자 등록 안내

※ 엔젤투자매칭펀드

① 개요: 창업 초기기업에 엔젤투자자가 선투자 후 매칭 투자를 신청하면, 엔젤투자자와 해당기업에 대해 평가 및 특이사항 검토를 통해 정부에서 매칭하여 투자하는 펀드

② 지원대상

- 창업초기기업

  • 「중소기업창업지원법」 시행령 제4조에서 정의하는 "창업에서 제외되는 업종"이 아닌 업종을 영위하는 기업가치(post-money 기준)가 70억 원 이하인 기업으로 아래 항목 중 하나라도 해당 되는 기업

    ㉠ 창업 3년 이내의 중소기업

    ㉡ 창업 3년~7년 이내의 중소기업

      * 신청일로부터 최근 3년간 연간 매출액 20억 이하

    ㉢ 창업 7년 이상의 중소기업

      * 벤처기업, 기술혁신형기업, 경영혁신형기업 중 하나인 중소기업이면서 신청일로부터 최근 3년간 연간 매출액 20억 이하

- 엔젤투자자

  • 개인형엔젤투자자: 개별엔젤투자자, 전문엔젤투자자, 엔젤클럽, 개인투자조합

  • 법인형엔젤투자자: 적격엔젤투자전문회사, 적격벤처기업, 창업지원기관, 지역창업관련기관, 산학협력기술지주회사, 대학관련투자가능기관, 창조경제혁신센터 추천기관, 신기술창업전문회사, 창업경진대회 투자약정기관, 액셀러레이터

③ 지원규모

- 기업 당 총 3억 원 한도

문화체육관광부 제도

 여기서 잠깐!   검색만 하면 나오지만, 필요한 홈페이지를 알자!

• 문화체육관광부 https://www.mcst.go.kr
• 국민체육진흥공단 https://www.kspo.or.kr

1. 소개

국내 창업지원제도는 앞서 제시한 다양한 창업영역을 한 곳으로 모아 역량을 집중시키는 주무관청인 중소벤처기업부에서 총괄한다. 다만 체육·스포츠 정책은 문화체육관광부에서 도출되고 공지하기 때문에 항상 예의주시해서 바라봐야 한다.

우리나라의 최고 체육행정기관의 변천을 살펴보면 보는 바와 같이 역사가 깊다.

> 문교부 문화국 체육과(1946) → 문교부 체육국(1961) → 문예체육국 체육과(1963)
> → 문교부 사회교육국(1968) → 체육국(1970) → 체육부(1982) → 체육청소년부(1991)
> → 문화체육부(1993) → 문화관광부(1998) → 문화체육관광부(2008~현재)

체육(體育, Physical Education)이란 용어 대신 스포츠(sports)를 넣어도 무방하다. 스포츠는 인류 공통의 언어로서 어디에서든 통용되는 단어이기 때문이다. 하지만 「국민체육진흥법」 제2조1항에 따르면 체육이란 "운동경기·야외 운동 등 신체 활동을 통하여 건전한 신체와 정신을 기르고 여가를 선용하는 것을 말한다."고 정의하고 있듯이 국가 정책적인 과제는 궁극적으로 국민 복지를 증진시켜야 하는 의무를 갖고 있기 때문에 체육을 강조했다고 볼 수 있다.

그럼에도 불구하고 영문표기를 'Ministry of Culture, Sports and Tourism'로 쓰고

있다. 결론적으로 문화, 체육·스포츠, 관광은 떼려야 뗄 수 없는 관계로 인식하고 있다. 올림픽, 월드컵이란 대형스포츠이벤트를 보더라도 체육·스포츠를 근간으로 하지만, 문화적 가치와 관광 산업의 연계를 이룰 수 있기 때문이다.

2. 국민체육진흥공단 기금지원사업

문화체육관광부의 대표적인 산하기관은 국민체육진흥공단이 있다. 「국민체육진흥법」에 따라 1989년에 설립된 스포츠 공익기관으로 기금을 모으고 지원하는 역할을 한다. 즉, 기금조성사업으로 경륜, 경정, 체육진흥투표권(스포츠 토토)을 통해 이루어진다. 이외에도 전문·생활·장애인 체육육성 사업, 생활체육시설 조성사업, 스포츠지도사 양성사업 등 기금지원사업을 비롯해 국민체력 100으로 대표되는 체육진흥·문화사업을 하고 있다. 더불어 스포츠산업육성 사업을 세 가지로 분류해 중점적으로 하고 있다.

(1) 스포츠산업융자
① 사업개요
 - 우수체육용구 생산업체, 민간체육시설 및 스포츠서비스업체 대상으로 시중금리보다 저리로 대출
② 융자대상: 최소 1억 원~최대 10억 원
 - 민간체육시설업체: 「체육시설의 설치·이용에 관한 법률」에서 정한 모든 체육시설의 신규 설치자 또는 동 시설을 운영하고 있으며 개·보수하려는 자(단, 회원제 체육시설, 무도장 및 무도학원장 제외)
 - 체육용구생산업체: 문화체육관광부장관이 지정하는 우수체육용구생산업체
 - 스포츠서비스업체: 신청서 접수마감일 이전 스포츠경기업, 스포츠마케팅업, 스포츠정보업을 운영하는 자

(2) 스포츠산업기술 개발사업
① 사업개요
 - 스포츠과학기술 분야의 신제품, 신기술 개발을 목적으로 연구개발비 지원

② 신청자격
- 국공립 연구기관
- 과학기술분야 정부출연연구기관 등의 설립·운영에 관한 법률에 의하여 설립된 정부출연연구기관
- 산업기술혁신촉진법 제42조에 의한 전문생산기술연구소 등의 연구기관
- 특정연구기관육성법에 의한 특정연구기관
- 고등교육법에 의한 대학, 산업대학 또는 기술대학
- 부설연구소(한국산업기술진흥협회, 한국콘텐츠진흥원 등의 인정서 제출업체에 한함)를 보유한 스포츠산업관련 기업
- 국가과학기술경쟁력강화를위한이공계지원특별법 제2조4호에 해당하는 연구개발서비스업의 법인
- 기타 문화체육관광부장관이 인정하는 기술 및 품질관련 법인 또는 단체

(3) 스포츠 용품 시험 및 품질인증 지원사업

① 사업개요
- 국내 스포츠 용품 품질의 우수성과 대표브랜드 육성을 위해 국내 스포츠 용품 시험평가 및 기술개발을 무료로 지원
- 국내 인증 KISS(Korea Industrial Standards of Sporting Goods) 마크 부여

② 시험 대상품목
- 야구, 축구, 스포츠바닥재, 자전거, 골프, 자전거, 육상트랙, 궁도 등과 같은 스포츠 용품, 용구, 장비 시설 등
   ※ 경기단체 공인시험: KBO(한국야구위원회), KFA(대한축구협회), KCF(대한사이클연맹) 등

③ 인증 대상품목
- 자전거, 골프, 인조잔디, 육상트랙, 궁도, 번지코드 등과 같은 스포츠 용품, 용구, 장비, 시설, 스포츠과학 및 훈련용 장비 등

④ 기업민원 통합단일 창구로 연계 https://www.g4b.go.kr
- 여러 기관의 기업민원을 해당 기관 방문 없이 한곳에서 처리할 수 있는 온라인 행정 서비스 연결

3. 스포츠 산업지원 제도

- 스포츠 산업지원 https://spobiz.kspo.or.kr
- K-Startup에도 이 사업에 대한 개요를 설명함
- 금융 지원, 스포츠 기업 육성, 스포츠 산업 기술개발 지원사업(R&D), 인력양성, 정보제공 및 저변 확대 등의 사업을 함
- 창업환경분석에 매우 유용한 스포츠 산업 동향, 스포츠 산업 지식, 스포츠 산업 통계 자료가 꾸준히 업데이트됨
- 위 자료는 국내 체육·스포츠 분야의 싱크탱크인 한국스포츠정책과학원에서 도출됨. 이 기관을 통해 국내 체육·스포츠 관련 법령, 정책, 제도 등을 입안하는 역할을 함. 전문자료도 무료로 볼 수 있으니 지속적으로 관심을 가지면 좋음
  https://www.sports.re.kr

국민체육진흥공단의 기금지원사업의 일환인 스포츠 산업지원 제도를 별도의 챕터로 엮었다. 기금을 쓰이게 되는 용처는 매우 다양한데 본 주제에 초점을 맞추면 앞서 8장에서 제시한 「스포츠산업 진흥법」에 따라 창업지원을 하는데도 투입된다. 법, 정책, 제도에 따라 국가가 의무적으로 시행하는 스포츠 산업지원 제도는 다음과 같다. 창업과 관련한 부분위주로 소개하면 다음과 같다.

(1) 기업경영 및 해외진출 지원
① 서울국제스포츠레저산업전(SPOX)
 - 매년 2월 중 4일간 COEX 같은 대형 전시관에서 개최함
 - 헬스, 피트니스, 아웃도어, 캠핑, 수상스포츠, 수중스포츠, 바이크, 익스트림스포츠, 신발, 야외체육시설, 운동장 및 공원체육시설, 일반 스포츠 용품, 기타 레저용품 등 경쟁력이 있는 업체들이 전시됨
 - 해외바이어도 참가하는 박람회로 아이디어 탐색, 창업모델 구상 등에 매우 유용한 자료와 실물을 볼 수 있음

② SPOEX FALL 지역 수출상담회

- 서울국제스포츠레저산업전(SPOEX) 참가 업체 후속지원 사업으로 해외시장 판로 개척 지원
- 국내 스포츠 용품 생산업체로 참가기업, 바이어 간 사전 매칭을 통한 1 : 1 맞춤형 상담

③ 스포츠산업 글로벌화 지원

- 국내 스포츠 중소기업의 글로벌 경쟁력 강화 및 전략적 해외시장 진출지원
- 연간 수출실적 500만 불 미만인 스포츠 중소기업(스포츠 시설업, 용품업, 서비스업)을 대상으로 사업지원금 제공

④ 해외전시 참가지원

- 국내 스포츠 용품 제조기업의 해외 유명 전시회 참가 지원을 통한 해외시장 판로 개척 및 수출 저변 확대
- 국내 중소 스포츠 용품 제조·생산기업 대상으로 해외 전시 한국관 참가지원금 제공

⑤ 중소스포츠기업 비즈니스 지원

- 국내 유망 중소스포츠기업을 발굴하여 전략적 컨설팅 지원
- 공고일 기준 해당 경력 3년 이상이며, 작년도 매출 80억 미만인 스포츠중소기업 (스포츠 시설업, 스포츠 용품업, 스포츠 서비스업)을 대상으로 경영 컨설팅 및 사업비 지원

⑥ 스포츠 산업 선도기업 육성

- 기술력에 비해 디자인 역량이 부족한 국내 스포츠 기업체 지원, 새로운 아이디어 상품 개발을 통한 스포츠 산업 시장 확대
- 스포츠 제품의 실사용자(동호인 등) 대상 아이디어 공모를 통해 시장의 니즈 파악, 예비 디자이너에게 디자인 권리를 부여, 사업화 기회 제공, 전문가 멘토링 통해 상품화 추진

(2) 스포츠 창업 지원

① 스포츠 산업펀드

- 스포츠 산업에 대한 민간의 투자 활성화 촉진 및 스포츠 관련 기업의 성장기반

구축(스포츠산업 진흥법)

- 스포츠 용품, 스포츠 시설 및 설비, 스포츠 서비스, 스포츠 융·복합 분야 기업 및
스포츠 이벤트 등, 스포츠 산업 및 연관 산업의 기업 및 프로젝트에 투자할 수 있음
② 스포츠 산업 창업지원센터 운영: K−Startup에 소개했으니 다시 돌아가 참조바람
③ 스포츠 산업 액셀러레이터 운영: K−Startup에 소개했으니 다시 돌아가 참조바람

(3) 스포츠 산업 일자리 지원 및 전문인력 양성

- 스포츠 산업분야 인력수급 불균형 해소와 실업난 극복을 위한 일자리 창출, 구
인기업과 구직자 간의 매칭 서비스 제공
- 스포츠 산업 전문인력 양성을 위한 스포츠융복합 대학원 운영비 지원(2개 대학 선
정, 2019년 현재: 포항공과대학교, 성균관대학교)

여기서 잠깐!   **인적자원관리를 이해하자!**

- 1장에 다뤘던 경영의 기능 과정(계획→조직→지휘→통제)에서 인력자원을 수급하는 계획은 중소기
업을 운영하기 위해 매우 중요한 단계임
- 인재육성주의, 균형주의, 실력주의, 적재적소주의를 실천해야 함
- 일은 사람이 하지만, 효율적·효과적 일은 시스템에 의해 이루어짐
- 인적자원을 선발, 관리하는 과정은 다음과 같다.
  ① 계획수립: 모집부터 퇴사 때까지의 일련의 과정을 계획해야 함
  ② 모집활동: 홈페이지, 신문지면 등에 공고할 수도 있으나, 스포츠산업 일자리 지원센터를 통해
  우수한 인재를 찾을 수 있음
  ③ 선발: NCS(National Competency Standards, 국가직무능력)의 취지가 최근 블라인드채용형식
  으로 취지와 의미를 이어가고 있음. 공기업은 의무화, 대기업도 이 방식을 따르는 추세임. 학교
  ·전공 등 기존의 선발방식의 한계를 드러냄에 따라 지원자의 해당 영역에서 제대로 수행할 가능
  성이 높은 역량을 가진 사람을 채용하고자 함. 소규모 창업을 통해 인력이 필요할 때 NCS 채용과
  정도 눈여겨 볼 필요가 있음. 진정 중요한 것은 적성과 열정이 있는 사람이 필요한 것임
  ④ 훈련 및 개발: 어렵게 채용한 직원의 역량을 높이기 위해 관련 기술을 체계적으로 배울수 있는
  기회를 제공해야 함. 개인이 발전해야 조직이 발전하는 사실을 잊으면 안 됨
  ⑤ 평가관리: 체계적이고 공정한 평가관리 시스템을 만들어야 함
  ⑥ 승진, 이동, 보상: 평가에 따른 후속조치는 연속적으로 일어나야 함
  ⑦ 보직, 이직, 퇴직관리: 지속적으로 관리를 해야 함

창업상담 제도

국내법에 의거해 창업상담 제도를 운영하고 있다.

기관	중소벤처기업부	중소기업상담회사	중소기업진흥공단	공장설립지원센터
근거법	중소기업창업 지원법 제4조, 제4조의2	중소기업창업 지원법 제2조제6호	중소기업진흥에 관한 법률 제62조의19	산업집적활성화 및 공장설립에 관한 법률 제7조의2
목적	창업을 촉진하고 창업자의 성장발전을 지원	중소기업의 사업성평가 등의 업무를 하는 회사	지방중소기업이 지역에서 원활하게 공장을 설립하도록 지원	공장설립 지원
요건	없음	중소벤처기업부장관에게 등록	매년 지원계획을 수립하여 중소벤처기업부장관에게 보고	공단 소속 임직원 중 공장정보관리·운영에 상당한 지식과 경험이 있는 사람으로 구성
대상	중소기업자 및 지원기관	중소기업자	지방중소기업	공장을 설립하려는 자
역할	• 창업지원계획의 수립 • 창업촉진사업의 추진	• 중소기업의 사업성 평가 • 중소기업의 경영 및 기술향상을 위한 용역 • 중소기업에 대한 사업의 알선 • 중소기업의 자금조달·운용에 대한 자문 및 대행 • 창업 절차의 대행 • 창업보육센터의 설립·운영에 대한 자문	• 공장 설립 및 취득과 소유하고 있는 공장의 지방중소기업자에 대한 양도 또는 장기임대 • 공장을 설립하려는 지방중소기업을 위한 공장설립 대행 • 지방중소기업의 이전과 관련된 정보의 수집·제공 및 상담 • 이전을 희망하는 지방중소기업과 지방중소기업을 유치하려는 지방자치단체와의 연계 • 지식산업센터의 설립 • 중소기업자를 위한 전용공단의 조성 및 공장용지의 공급	• 공장설립과 관련한 입지선정의 상담 • 각종 자금 알선 및 세금감면의 안내 • 공장설립온라인 지원시스템의 운영 • 각종 공장설립에 관한 업무의 처리 및 대행 • 공장설립에 관한 서류의 작성·제출 등 공장설립에 관한 업무의 대행 • 그 밖에 공장설립에 관한 지원업무

출처: 중소벤처기업부(2018). 창업상담 표준해설서.

여기서 잠깐!

1. 대학생을 위한 창업 제도를 이해하자.
   ① 창업휴학 제도
      - 창업 활동으로 인한 학업 단절을 방지하기 위해 휴학이 가능한 사유로 '창업'을 학사규정 내에 마련하는 제도
      - 시행 중인 학교 217개교(51.4%), 이용자 527명임(2016년 교육부)
   ② 창업대체학점 인정 제도
      - 창업 준비활동(창업실습) 및 창업(창업현장실습)을 통해 학습목표달성이 가능한 경우 정규학점으로 인정하여 창업과 학업의 병행에 따른 어려움을 해소하여 창업으로 인한 학업중단을 최소화하고자 하는 제도
      - 시행 중인 학교 105개교(전체 24.9%), 이용자 2,674명임(2016년 교육부)
   ③ 창업 강좌 학점교류 제도
      - 창업학점교류 협정을 맺은 대학 간에 공식적인 절차에 따라 창업 강좌로 지정된 타 대학의 강좌를 수강하는 경우 학점으로 인정하는 제도
      - 시행 중인 학교 85개교(20.1%), 총 수강인원 7,162명, 개설강좌 615개임(2016년 교육부)
   ④ 창업장학금 제도
      - 시행 중인 학교 67개교(15.9%), 총 수혜자 2,802명(2016년 교육부)
   ⑤ 창업특기생 선발 제도
      - 시행 중인 학교 14개교(3.3%), 입학정원 137명, 입학인원 103명(2016년 교육부)
   ⑥ 창업학과 및 창업연계전공
      - 개설 중인 학교 65개교(15.4%), 창업학과 18개교, 창업연계 전공 49개교(2016년 교육부)

2. 교원을 위한 창업 제도를 이해하자!
   ① 교원창업 휴·겸직 제도
   - 시행 중인 학교는 전체 422개(대학교, 전문대학) 중에 147개교(34.8%)임(2017년 교육부)
   ② 교원업적평가 제도
   - 시행 중인 학교는 120개교(28.4%)임(2017년 교육부)
   ③ 창업(중점) 교수 제도
   - 전임교원은 부족한 수준으로 71명에 불과(2017년 교육부)
   ④ 창업연구년 제도
   - 창업을 목적으로 하는 경우 의무기간을 근무하지 않더라도 연구년 신청이 가능한 창업연구년 제도 도입(현재 추진 중임)

3. 대학 내 창업지원 전담조직을 통한 창업 제도를 이해하자!
   ① LINC+사업

      – 창업 멘토링, 자금 지원, 창업보육 등 창업 사업화
   ② 창업보육센터
      – 초기기업의 대학 내 시설, 공간을 임대하는 방식으로 지원
   ③ 창업선도대학(창업지원단)
      – 대학생 외에도 일반인 예비창원자에게 지원
   ④ 기업가센터
      – 창업 지원사업의 일원화에 초점
* 출처: 한국청년기업가정신재단(2018). 대학창업 운영 매뉴얼 3.0.

제 **10** 장

스포츠 사업계획 작성실무

제1절 사업계획서의 개념

1. 기획과 계획

기획과 계획은 어떤 차이가 있을까? 기획(企劃)이란 일을 계획(計劃)하는 것이다. 즉, 기획이 계획보다 먼저 틀을 잡는 작업정도에 해당된다. 이후 앞으로 할 일의 절차, 방법, 규모 등을 예측해서 작성하는 계획을 세우는 것이다. 물론 머릿속에서 혹은 말로서 하는 것이 아니라 문서에 작성하는 것이다.

기획은 페이지 한 장을 활용해 선보이면 좋다. 흔히 원 페이지 프로포절(one page proposal)이라 칭한다. 즉, 강력하고 간결한 한 장의 기획서를 의미한다. 자신을 위해서도 좋고 남을 이해시키기 위해서도 매우 좋다. 자신의 구상을 간단 요약 정리하는 차원에서 아주 효율적이고, 남에게 짧은 시간 내에 자신의 구상을 설득시키는데도 효과적이다.

필자의 경험으로도 상사에 보고할 때 많아야 1~2페이지의 핵심적인 내용으로 정리하는 게 훨씬 효과가 좋았다. 분량이 많은 상세한 계획서는 별도로 준비했다가 기획서로 보고한 후, 추가 보고가 필요하면 중요한 페이지만 선택해 보고하든가 혹은 상사의 의지에 따라 자리에 두고 가면 된다. 별도로 읽어보겠다는 의지이니 말이다. 처음부터 몇 십 페이지를 들고 설명한다는 것은 선택과 집중에서 마이너스 효과가 있다. 듣는 사람은 지루하기 때문이다. 포인트만 짚고 가장 중요한 내용만 설명하면 좋다. 입장을 바꿔서 생각해도 간결하게 핵심만을 설명하는 직원에 신뢰가 갈까 혹은 첫 대면부터 몇 십장 들고 와서 구구절절 설명하는 자리가 효과적이라 생각하게 될까.

즉, 원 페이지 프로포절(one page proposal)은 본격적으로 구상해야 할 계획의 방향을 가늠하는데도 좋고, 계획서를 총괄적으로 요약해서 보고하는데도 무척 좋다. 필자는 창업 교과 수업을 진행할 때 학생들을 수 개의 팀으로 구성한 후, 팀에서 도출된 내용을 무조건 한 장에 넣어오라고 한다. 그들의 아이디어를 이해하고, 방향을 잡을 수 있으면 되기 때문이다. 이후 계획서를 통해 분량을 점차적으로 키워나가게 한다. 수시로 문의가 오는 외부의 비즈니스 파트너에게도 이런 측면을 먼저 살펴보는 절차를 밟고 있다. 어렵지 않게 각각의 실력과 수준을 가늠하는데 도움이 된다.

한 장에 어떤 내용이 들어갈까? 분량이 얼마 안 되니까 쉬워 보일 수도 있으나 결코 그렇지 않다. 한 장의 내용으로 남을 충분히 이해시키고 설득을 유도해야 하기 때문이다. 모든 글은 서론, 본론, 결론의 구조가 돼야 한다. 1장 보고서이든, 수십 장의 보고서이든, 연구 용역이든, 논문이든 말이다. 본 서도 큰 그림에서 작은 그림을 그리며 진행됐듯이, 원 페이지 프로포절(one page proposal)도 듣는 사람 입장에서 큰 그림을 먼저 접하게 해야 한다.

① 제목
  - 강렬하면서도 말이 되는 제목을 사용한다.
  - 호기심을 자극할만한 제목을 사용한다.
② 서론
  - 사업의 목적, 추진배경, 취지 등을 언급한다.
  - 이 사업을 왜 해야 하는지를 담는다.
③ 본론
  - 사업의 개요에 대해 웬만하면 5W1H(누가, 무엇을, 언제, 어디서, 왜, 어떻게)를 담는다.
  - 업체 현황에 대해 사실을 바탕으로 간략히 기술하면 좋다. 업태와 종목은 한국표준산업분류 분류항목표를 참조한다. 자신의 구상이 어디에 속하는지 정확히 파악해야 한다. 이를 위해 2장에서 스포츠 산업분류를 했다.
  - 이미지가 필요하면 적정 크기로 삽입한다.
④ 결론
  - 예산이 필요하면 소요예산을 넣는다.
  - 추정매출액이 있으면 3~5년 정도 재무계획을 간단히 넣는다.
  - 칸이 남으면 기대효과도 1줄 정도 쓴다.

여기서 잠깐!

• 지금, one page proposal를 작성해보라.
• 처음엔 1장이 넘어가도 괜찮다. 비슷한 용어와 개념이 있으면 생략하면서 줄여나가 보자.

Start-Up Tip!

- 자신은 사업구상을 머릿속에서만 하는가 혹은 메모라도 하는가.
- 자신은 총괄요약문을 2~3페이지 분량으로 작성해본 적이 있는가.
- 자신은 읽는 사람 입장에서 글을 전개하는가.
- 요약을 하는 습관을 가져야 한다. 이를 위해선 메모를 하는 습관도 매우 좋다. 메모는 글, 그림, 도식 등 모든 방식을 동원하면 도움이 된다.
- 사업계획서를 처음 접하는 사람 입장에서 기술해야 한다. 이를 위해선 관심을 유발하도록 하고, 요약만 읽어도 사업 전반을 이해할 수 있도록 기술한다. 사업의 강점을 집중 부각하고, 자사의 약점과 시장으로부터의 위협은 자신의 머릿속에만 저장하고, 사업계획서 내에서는 가급적 언급을 피하는 것이 좋다.

2. 작성기준

기획이 익숙하게 되면 계획서는 어렵지 않게 접근할 수 있다. 기획 내용을 토대로 확장된 버전을 만들면 되기 때문이다. 기획은 창업의 그림을 그리는 것이라면 사업계획서를 작성하는 것은 그림에 색을 입히는 과정이다. 제1장에서 경영의 기능과정을 계획, 조직, 지휘, 통제라고 소개했다. 계획 부분이 얼마나 중요한지 다시 살펴보자.

여기서 잠깐!   전략 경영의 6단계와 마케팅 경영관리 5단계를 다시 보자!

1. 전략 경영 6단계: ①~④번까지가 계획 단계임
   ① 미션과 비전의 공유: 당장 해야 할 일과 앞으로 가야할 모습을 공유했는가?
   ② 외부환경(기회, 위협) 분석: 시장으로부터의 기회와 위협을 분석했는가?
   ③ 내부환경(강점, 약점) 분석: 자사의 강점과 약점을 분석했는가?
   ④ 전략 수립: 성장 전략, BCG 매트릭스, 경쟁 전략을 통해 전략을 수립했는가?
   ⑤ 전략 수행: 계획에 맞춰 체계적으로 전략을 수행했는가?
   ⑥ 결과 평가: 결과를 평가하고 제대로 돌아가는지 피드백을 했는가?

2. 마케팅 경영관리 5단계: ①~③번까지가 계획 단계임
   ① 조사: 시장으로부터의 기회와 위협을 찾아냈는가?
   ② 세분화 · 표적화 · 위치화(STP): 시장을 잘 분류하고, 고객을 찾고, 고객의 마음을 잡았는가?
   ③ 마케팅 믹스: 4P(제품, 가격, 장소, 촉진)와 4C(공동창조, 통화, 공동체 활성화, 대화)를 잘 혼

합하여 적용했는가?
④ 실행: 계획에 맞춰 실행했는가?
⑤ 통제: 제대로 돌아가는지 피드백을 했는가?

사업계획서 작성기준을 다음과 같이 정리했다.
① 계획단계 내용을 문서화 과정을 통해 정리한다.
② 효과적이고 효율적으로 작성한다.
③ 서론, 본론, 결론의 구성을 갖춘다.
④ 보는 사람의 관점에서 기술한다.

'공식적인 문서화' 과정은 모든 조직의 목표를 달성하기 위해 가장 중요한 부분인 계획 과정이라 할 수 있다. 위에서 보는바와 같이 계획단계가 얼마나 중요한지 다시 한 번 확인할 수 있다. 다시 말해 사업계획서는 전략 경영과 마케팅 경영관리의 계획단계 내용을 제시해야 한다.

내용을 제시할 때는 과도한 표기, 객관적이지 않은 내용, 체계적이지 않은 기술방법 등을 지양해야 한다. 즉, 매우 효과적이고 효율적으로 작성해야 한다. 다시 말해 정말 필요한 내용을 빠트리지 않되, 불필요한 내용은 과감히 삭제해야 한다. 미사여구보다 명확한 용어 선택을 하는 것이 좋다.

대개 글의 구성은 서론, 본론, 결론이다. 하물며 e-mail도 그렇다. 보낸 이유를 언급하고, 하고 싶은 얘기를 전달한 후, 답변을 기다린다거나 다시 연락하자 등의 마무리를 지어야 한다. 그러나 현실은 그렇지 않다. 첨부만 해서 보내는 경우가 허다하다. 서로 허물이 없는 사이 정도에서는 통용되는 편리한 방법이겠으나 이해관계가 있는 그 어떤 관계도 서론, 본론, 결론의 형식을 갖추어야 소통을 이어갈 수 있다. 간단한 글을 통해서도 그 사람의 인격과 태도를 짐작하기 쉬운 법이다.

마지막으로 사업계획서는 보는 사람의 관점에서 기술해야 한다. 작성하는 사람의 관점이 아니란 얘기이다. 사업계획서의 용도는 자기 자신의 사업에 대해 정리하는 목적을 뛰어넘어 남에게 보이는 것이다. 동업자에게 보일 수도 있고, 공식적으로 문서를 접수받는 곳에 제출할 수도 있다. 기관마다 양식은 달리 하겠지만, 앞서 언급한 서론, 본론, 결론의 순서대로 심사하는 사람 입장에서 글을 작성해야 한다.

자신만의 용어 사용, 개인적인 주장을 위한 전개방식, 무리한 예단 등을 지양해야 한다. 통용되고 보편적인 단어를 중심으로 스토리를 전개해야 한다. 내용 전개 과정에서 이미지, 사진, 그래픽, 표, 도식도 등 필요한 포인트를 넣어 관심을 지속적으로 유도할 수 있어야 한다.

여기서 잠깐!   **개조식과 서술식을 이해하자!**

1. 개조식
   - 글을 쓸 때 앞에 번호 혹은 특정표식을 붙여 가며 짧게 끊어서 중요한 요점과 단어를 나열하는 방식
   - 관료사회(국가기관, 공기관 등)의 연간 업무계획서, 보도자료 등을 통해 자주 읽고, 직접 문서작성의 흉내를 내면서 학습할 수 있음
   - 체육 · 스포츠 정책 주무부처인 문화체육관광부 홈페이지를 참조하면 좋음
   - https://www.mcst.go.kr

2. 서술식
   - 전달하고자 하는 내용을 일정한 순서나 기준에 따라 자세하게 정리하는 방식
   - 대학 및 연구기관 보고서 등을 통해 자주 읽고, 직접 문서작성의 흉내를 내면서 학습할 수 있음
   - 체육 · 스포츠 정책 싱크탱크인 한국스포츠정책과학원 홈페이지를 참조하면 좋음
   - https://www.sports.re.kr

여기서 잠깐!   **사업계획서의 종류를 살펴보자**

1. 기본계획서
   - 1페이지에서 2~3페이지 규모의 기획을 바탕으로 조금 더 분량을 늘린 수준의 계획서임
   - 서론, 본론, 결론의 스토리를 전개하되, 대략적인 내용으로 구성함
   - 특정일정보다는 시기, 분야별 예산보다는 총괄 예산규모 등 스케치하는 수준임

2. 실행계획서
   - 기본계획서 작성 후 다음 챕터에서 설명할 조직 및 인력계획, 제품과 서비스 계획, 마케팅계획, 재무계획을 기술하며 구체적인 숫자, 규모, 일정 등을 명시함

- 그림으로 빗대어 설명하면 정밀화에 해당하는 수준으로 발전하는 것임

3. 관리계획서
- 실행계획서에서 더 이상 진행이 안 됐거나 실행계획에서 담지 못했던 내용을 추가로 삽입할 수 있음(통상 공모 시 제출하는 내용은 실행계획과 관리계획을 포함하는 수준임)
- 보험문제, 사고발생 시 안전 매뉴얼 등 관리적 차원에서 접근해야 할 내용을 추가함

제 2 절 사업계획서의 구성요소

사업계획서의 기술방식은 통상 개조식과 서술식을 적절히 혼합하되, 개조식으로 전개하는 게 좋다. 개조식이 갖는 핵심용어를 도출하고 속도감 있는 전개방식을 부각시켜야 한다. 앞서 언급한 서론, 본론, 결론의 작성기준을 토대로 구성요소를 정리하면 다음과 같다.

① 서론 - '큰 그림을 이해하게 해야 한다.'
  사업의 목적, 사업의 취지, 사업의 배경, 사업의 방향
② 본론 - '하고 싶은 말을 일목요연하게 해야 한다.'
  사업의 개요, 사업의 세부계획(조직, 인력, 제품과 서비스, 마케팅, 재무)
③ 결론 - '짜임새 있는 일정과 짐작할만한 효과로 마무리 지어야 한다.'
  사업의 일정, 기대효과

1. 제목

제목은 읽는 사람의 첫 느낌이다. 제목만 봐도 무엇을 하고자 하는지를 알 수 있도록 한다. 오로지 호기심만 자극하기 위한 추상적 제목을 피한다. 만약 호기심을 자극하는 단어를 사용하고자 하면 제목 전체는 말이 되는 구절을 사용하거나 또는 부제를 넣어 제목을 보강 할 수 있다.

여기서 잠깐!

• 지금, 제목을 세 가지 정도 구상해보라.
• 제목만 봐도 어떤 얘기가 전개될 것인지 상대방이 파악하게끔 해보자.

2. 사업의 목적과 취지

제목으로 포문을 열었으면 본격적으로 서론 부분에 진입하게 된다. 우선 상대방을 이해시키고 설득을 유도하기 위한 가장 중요한 명제는 사업의 목적이다. 즉, 사업을 왜 해야 하는지를 설명해야 한다. 오로지 돈을 벌기 위해서 사업을 한다고 하면 공감대를 얻기 힘들 것이다. 또한 사업의 취지를 통해 어떤 명분이 사업을 통해 쌓이는지 설명해야 한다. 6장에서 제시했듯이 미션(mission)과 비전(vision)이 담겨 있어야 한다. 이윤창출이 궁극적인 목적이라 하더라도 당장에 무엇을 해야 하고, 이를 토대로 앞으로 어떤 기업의 모습으로 갈지를 명확하게 제시해야 한다. 이는 내부고객(직원)과 외부고객(소비자 혹은 공모전의 심사자)에게 사업의 목적과 취지를 설명하는 가장 중요한 개념이다.

더불어 사업추진을 하게 된 배경을 설명한다. 배경이란 사업을 추진하게 된 연유와 타당성을 언급하는 것이다. 시대적 트렌드, 사람들의 호감도, 시장에서의 기회 등을 통해 사업을 추진하게 된 배경을 설명할 수 있다. 본론으로 넘어가기 전에 사업추진의 방향을 제시하면 좋다. 즉, 사업추진을 위해 어떤 방향으로 가고자 하는지 설명한다. 사업의 취지에 등장하는 비전은 앞으로 어떤 모습으로 성장할 것이라는 미래적 가치를 담고 있다면 사업추진 방향은 궁극적으로 그 미래적 가치를 갖기 위한 구체적인 전략과 전술을 제시한다고 이해하면 된다.

여기서 잠깐!

• 지금, 미션과 비전을 적어보라.
• 당장 해야 할 일을 쓰고, 무엇을 · 어떻게 가야할지를 써 보고, 나중에 어떤 기업이 될 것인지를 순서대로 작성해보자.

Start-Up Tip!

- 자신은 사업의 목적(사업을 왜 해야 하는가?)을 고민하는가.
- 자신은 사업의 취지(사업을 통해 어떤 명분이 쌓이는가?)를 고민하는가.
- 자신은 사업추진의 배경(사업을 하게 된 배경이 무엇인가?)을 고민하는가.
- 자신은 사업추진의 방향(사업이 어떤 방향으로 가고자 하는가?)을 고민하는가.
- 서론은 제목과 함께 상대방을 이해시키고 설득을 유도하는 매우 중요한 부분이다. 관심을 높이고, 이야기를 끌어가는 힘으로 작용한다. 아무리 본론을 장황하게 설명한다고 해도 서론이 부실하면 시작부터 신뢰도와 전문성에 관련하여 확신을 주기 어렵다. 머릿속에 구상하고 있는 서론부분을 가장 나중에 정리하기도 한다.

3. 조직 및 인력계획

조직과 인력계획은 본론으로 진입한 단계인 세부계획의 한 부분이다. 조직계획은 하드웨어적인 측면을 포함할 수 있다. 즉, 조직의 구성요소인 부서를 구조화하는 과정이다. 흔히 디자인이라고 하면 특정영역의 한 장르로 생각할 수 있으나 설계란 의미를 가졌다. 즉, 조직설계(organization design)를 통해 조직구조를 구축하거나 변경하는 일련의 활동을 하는 것이다. 조직설계는 통상 전체를 총괄하는 기획부서, 외부에서 고객을 대하는 실무부서, 각 부서를 지원하고 관리하는 지원부서 등으로 구분한다. 지원부서는 임금, 복지, 예산, 회계 등이 주요 업무이지만, 시설·장비·물자 등을 관리하기도 한다.

여기서 잠깐! **1장에서 학습한 내용을 토대로 조직의 구성요소와 역할을 이해하자!**

- 최고경영자: 대표, 임원진 등이 해당되고 전략적 의사결정을 해야 한다.
- 중간관리자: 실장, 팀장 등이 해당되고 관리적 의사결정을 해야 한다.
- 핵심운영자: 최종 생산물이 만들어지는 부서이고 기능적 의사결정을 해야 한다.
- 기술전문가: 전략수립, 경영평가, 인력개발, 경영분석 등 조직활동의 표준화를 연구해야 한다. 대기업은 연구소를 운영하지만, 중소기업은 외부 컨설팅 업체를 통해 진단을 받을 수 있다.
- 지원인력: 법률고문, 노사관계, 임금관리, 복지관리 등 조직전반의 지원역할을 해야 한다. 중소기업은 법률, 세금, 노무 등 외부 전문업체를 통해 진단을 받을 수 있다.

조직설계를 2개의 팀으로 초창기 설계했다고 가정해보자. 대표 1명, 사업팀장 1명, 지원팀장 1명, 각 팀별로 직원 2명이면 총 7명이다. 사업이 확대되면서 팀을 총괄할 실의 개념이 필요하면 전략실장 1명을 늘려 1실 2팀제로 변경될 수 있다. 시설·장비와 물자영역도 조직계획에 내용을 포함할 수 있다. 기존의 지원팀에서 실행했던 시설과 장비 담당을 분류해 시설팀장 1명, 직원 2명이 추가되고, 물자 담당은 기존의 지원팀 소관으로 남길 수도 있다.

이와 같이 전체과업을 더 작은 과업단위로 세분화하는 활동을 분화(differentiation)라고 한다. 반대로 분화된 하위단위들을 전체의 효율성을 높이기 위해 결합하는 활동을 부문화(departmentalization)라고 한다. 즉, 조직설계는 분화와 부문화의 연속이다. 조직의 내·외부환경에 따라 업무를 나누거나 다시 묶는 효율적이고 효과적인 과정을 거쳐야 한다. 전략사업단위(SBU, Strategy Business Unit)로 부서를 분류할 수도 있다.

세부적인 조직 및 인력계획의 내용으로 인력의 우수성에 대해 기술한다. 대표이사, 주요 경영진을 비롯해 직원의 학력, 경력, 과거의 실적 등을 표기한다. 또한 종업원의 현황과 앞으로의 고용계획을 명시한다. 직원의 직급, 근무형태, 담당업무, 근무시간, 급여 등의 현황과 채용일정과 방법을 제시한다.

교육훈련과 인사고과 계획을 포함한다. 직원의 능력을 어떻게 개발할지, 어떤 교육 훈련 방법을 적용할지 등 자기계발에 관한 사항을 명시한다. 개인의 발전이 곧 조직의 발전이란 것을 명심해야 한다. 세밀한 인사평가 제도를 마련해야 한다. 보상, 승진, 이동 등을 위해 기초적 자료로 활용할 수 있다. 1장에서 언급한 공정성 이론을 잊지 말아야 한다.

여기서 잠깐!

- 지금, 조직을 설계(design)해보라.
- 몇 개 팀에 각 몇 명이면 자신의 제품과 서비스를 수행할 수 있을지, 내부지원과 외부실무 인력을 어떻게 구성할지를 그림을 그리면서 작성해보자.

Start-Up Tip!

- 자신은 몇 개의 전략사업단위(SBU)를 고민하는가. (SBU는 6장에 언급함)
- 자신은 부서별로 몇 명의 인력이 필요하다고 생각하는가.
- 자신은 분화와 부문화에 대해 이해하고 있는가.
- 최고경영자는 집권화를 향한 힘이 강하다. 자신은 이 개념을 이해하는가. 중소기업은 CEO의 영향력이 절대적이다. 회사가 커지면 분권화로 가야 하지만, 끝까지 중앙집권적 사고를 버리기가 어렵다. 모든 것을 관장하기 어렵기 때문에 이를 과감히 타파해야 한다.
- 중간경영자는 표준화를 향한 힘이 강하다. 자신은 이 개념을 이해하는가. 상하 간의 원활한 업무를 전달하고 조율을 위해 배치된 개인 혹은 집단임으로 명심해야 한다. 즉, 최고경영자의 전략을 잘 이어받아 하부집단으로 잘 하달하고, 잘 이행되는지 관리하는 산출물의 표준화를 원한다. 물론 중간경영자를 통해 정확히 아래로 전달되는지도 확인해야 한다.
- 핵심운영자는 1장에서 제시된 카츠(Katz, R.)의 일선경영자의 의미가 동일하다. 이들은 분권화를 향한 힘이 강하다. 자신은 이 개념을 이해하는가. 재화와 용역의 산출업무와 직결되는 업무를 담당하므로 기술적 자질이 높은 본인들의 목소리를 내고 싶어 한다. 즉, 현장의 목소리를 경청해야 한다. 물론 중간경영자를 통해 정확히 위로 전달되는지도 확인해야 한다.

4. 제품과 서비스 계획

사람들이 필요로 하는 제품을 만들기 위한 계획이다. 또한 거래를 위한 최종 상태의 물품을 어떻게 만들까하는 상품의 계획이기도 하다. 즉, 제품(product)에 어떤 서비스(services)를 포함해 상품(goods)으로 가는 과정을 넣어야 한다.

이 부분에서 중요한 점은 자사의 제품과 서비스를 소개하는 것 외에 경쟁사의 유사 제품과 서비스를 비교해야 한다. 즉, 경쟁사 혹은 경쟁제품·서비스의 현황을 제시해야 한다. 또한 서론 부분에서 시장 트렌드를 통해 사업추진 배경을 언급했듯이 제품과 서비스에 대한 최근의 트렌드와 전망을 삽입시키면 좋다.

자사의 기술을 부각시키고 경쟁사에 비해 우위에 있는 요소를 찾는다. 또한 새로운 기술과 제품 개발 현황도 제시함으로써 자사도 경쟁력이 있음을 강조할 수 있다. 6장에서 언급한 앤소프의 성장 전략과 포터가 제시한 차별화 전략, 비용우위 전략, 집중화 전략을 기억할 것이다. 시장에 어떻게 침투해야 할지, 새로운 제품을 갖고 어떻게 공략할지, 새로운 시장을 어떻게 뚫을지 등에 대한 고민을 담아야 한다. 결론적으로 경쟁제품과 서비스와 비교해서 자사 제품만이 갖는 장점을 부각해 현재 시장에서 경쟁력이 있다는 사실을 제시하는 것이다.

여기서 잠깐!

• 지금, 제품과 서비스를 부각시켜보라.
• 왜 자신의 제품과 서비스가 필요한 것인지, 다른 회사 제품과 서비스에 비해 차이가 무엇인지, 그래서 시장에 어떤 모습으로 파고들고자 하는 것인지를 작성해보자.

Start-Up Tip!

• 자신은 지금 제품과 상품을 구분하는가.
• 자신이 구상하는 서비스를 열거해 보았는가.
• 자신의 제품과 서비스는 스포츠 산업 분류에서 어디에 속하는지 정확히 인지되는가.
• 경쟁사의 제품과 서비스를 열거해 보았는가.
• 경쟁사의 제품과 서비스에 비해 어떤 부분이 경쟁력이 있다고 생각하는가.
• 자사의 강점을 부각하고, 약점이나 시장의 위협을 가급적 회피해야 한다. 이 공백을 시장 트렌드와 경쟁사의 유사 제품·서비스에 관한 트렌드를 제시하고, 경쟁력 우위를 제시해야 한다.

---

5. 마케팅 계획

마케팅 계획에서는 앞서 제시한 제품과 서비스의 특징을 토대로 연관된 내용을 총 망라해서 제시해야 한다. 원가우위, 유통구조, 목표시장, 결제구조, 가격 차별화 등 모두 포함된다. 이에 대해 일목요연하게 정리하려면 전통적 마케팅 믹스를 통해 질문을 던져 보자.

① 제품(product) 계획: 어떤 가치를 지닌 제품을 고객에게 제공할까?
② 가격(price) 계획: 얼마의 가격으로 시장에 출시할까?
③ 장소(place) 혹은 유통(distribution) 계획: 어느 유통 채널을 통해 고객에게 공급할까?
④ 촉진(promotion) 계획: 어떻게 목표고객에게 효과적으로 알릴 수 있을까?

7장에서는 제시하지 않았지만, 판매자 입장의 마케팅 믹스 4P에 따른 계획수립이 익숙해졌다면 로터맨(Lauterborn)이 정리한 구매자 입장의 4C로 확장시켜서 생각하면 도움이 된다. 각각의 질문을 던져보자.

① 고객문제 해결(customer solution): 고객은 어떤 가치를 제공받기를 원할까?
② 고객 비용(customer cost): 고객은 얼마의 비용을 지불할 용의가 있을까?
③ 편의성(convenience): 고객은 어떤 편리함을 원할까?
④ 커뮤니케이션(communication): 고객은 어떤 소통을 원할까?

온라인 프로모션이 많이 강조되는 업종이라면 코틀러 등(Kotler et al.)이 제시한 4C를 대입시켜보면 좋을 것 같다. 마찬가지 각각의 질문을 던져보자.

① 공동창조(co-creation): 고객의 목소리를 제품과 서비스에 반영할 수 있을까?
② 통화(currency): 매우 다양한 가격 서비스를 제공할 수 있을까?
③ 공동체 활성화(communal activation): 무료 제공을 통한 고객확보가 가능한 사업범위가 있을까?
④ 대화(conversation): 온라인 커뮤니티를 통해 기업의 진정성과 투명성을 제공할 수 있을까?

위에 설명한 질문을 바탕으로 스스로 답을 해보는 것이다. 그 답을 찾기 위한 방법이 마케팅 계획이 된다. 5W1H(누가, 무엇을, 언제, 어디서, 왜, 어떻게) 기준에 맞춰 자사의 제품과 서비스를 시장에 안착할 수 있는 방법을 찾게 된다.

여기서 잠깐!

• 지금, 4P를 써보라. 필요하면 4C도 활용해보라.
• 어떤 모습으로 시장에 파고들지 그림이 그려졌으면 어떻게 파고들지를 작성해보자.

Start-Up Tip! 🗣

• 마케팅이란 생산자, 유통자, 소비자가 시장(market)에서 꿈틀거리는 것(~ing)이란 개념을 지금 알고 있는가.
• 마케팅이란 생산자, 유통자, 소비자 모두가 만족해야 하는 기본전제를 지금 알고 있는가.
• 어떻게 판매할 것인가, 어떻게 소비자를 만족시킬 것인가를 동시에 고민해 보았는가.
• 마케팅 믹스 4P와 2개의 4C를 이해하고 적용해 보았는가.
• 마케팅 계획은 단기적, 중기적, 장기적 계획으로 분류하는 것도 좋은 방법이다. 마치 계단을 오르듯 단계별 계획을 통해 성과를 얻을 수 있다.
• 마케팅이란 지속 가능한 일련의 과정이어야 하므로 구체적으로 제시하되, 도형·화살표 등이 포함된 도식도를 통해 사업계획서를 처음 접하는 입장에서 쉽게 이해할 수 있도록 해야 한다.

6. 재무계획

재무계획은 사업계획서의 마지막 승부를 보여주는 부분이다. 앞서 제시한 조직·인력 계획, 제품과 서비스 계획, 마케팅 계획을 통해 수익을 창출할 수 있는 의지를 보여주는 단계이기 때문이다. 5장의 사업타당성 분석에 따라 재무계획을 수립하게 된다.

여기서 잠깐! 🗣   5장의 사업타당성 분석을 다시 상기하자!

• 기술성 분석: 입지 선정
• 시장성 분석: 시장규모와 특성
• 재무 분석: 레버리지 비율, 유동성 비율, 안정성 비율, 수익성 비율, 활동성 비율
• 경제성 분석: 손익분기점, 순현재가치법

재무계획의 목적은 무엇인가? 사업목적과 취지에서부터 설명한 사업에 대한 잠재력을 보여주는 것이다. 또한 소요자금(예산)의 규모를 제시하고 사업의 타당성을 보여줌으로써 사업의 가능성을 가늠하게 된다.

대개의 글쓰기가 그러하듯, 수미상관(首尾相關)을 갖추는 것이 중요하다. 즉, 시작과 끝이 서로 호응하는 방식으로 기술해야 한다. 사업의 목적과 취지를 바탕으로 미션과 비전

을 알리면서 다양한 계획 활동(조직·인력, 제품·서비스, 마케팅)을 통해 결론적으로 재무계획에 다다른 것이다. 다시 말해 핵심용어로 정리한 미션의 현재적 가치와 비전의 미래적 가치를 구체적인 금액으로 환산하여 제시한 것과 같다. 시작과 끝의 연결을 정확히 이해해야 한다.

재무계획에서는 추정 매출액을 제시해야 한다. 통상 3~5년까지를 추정할 수 있다면 적합한 재무계획이 된다. 이를 위해 추정 데이터에 관해 필수적으로 제시할 두 가지는 다음과 같다. 즉, 추정 재무제표와 추정 손익분기점이다.

(1) 추정 재무제표

결산서라고 불리는 재무제표는 대차대조표와 손익계산서가 있다. 대차대조표는 일정시점에 나타난 조직의 재무상태이다. 즉, 자금을 얼마나 갖고 사업을 시작해 얼마가 남았는지를 계산하여 나타낸 표이다. 반면, 손익계산서는 일정기간 동안에 나타난 조직의 경영성과이다. 즉, 사업결과 손실(loss)과 이익(profit)이 얼마나 났는지를 계산하여 나타낸 표이다. 아무래도 경영성과를 보여주는 손익계산서가 재무상태만 명기된 대차대조표보다 추정 수익성을 분석하기에 정확한 측면이 있다.

① 대차대조표(B/S: Balance Sheet)
- 기본구성은 자산, 자본, 부채가 있다. 자본은 자기자본이고 부채는 타인자본이다.
- 총 자산은 자본과 부채의 합을 말한다.
- 자본은 유동자산과 고정자산이 있다.
  - 유동자산: 1년 안에 현금화할 수 있는 자산
  - 고정자산: 1년 안에 현금화하지 못하는 자산(건물, 토지, 설비 등)
- 부채는 유동부채와 고정부채가 있다.
  - 유동부채: 갚을 기한이 1년 이내의 부채(단기부채)
  - 고정부채: 갚을 기한이 1년이 넘는 부채(장기부채)

— 대차대조표 형식

자산	부채와 자본
유동자산	유동부채
고정자산	고정부채 자본(자기자본)
자산총계 (5억원)	부채와 자본 총계 (5억원)	← "금액이 같게 표시"

그림 10-1

연결재무상태표

2017년 12월 31일 현재   (단위: 원)

계정과목	금액	계정과목	금액
자산		부채	
I. 유동자산	429,932,798,096	I. 유동부채	266,174,031,485
1. 재고자산	122,276,500,954	1. 매입채무 및 미지급금	182,891,869,536
2. 매출채권 및 기타채권	138,171,335,064	3. 단기차입금	10,962,611,003
3. 유동매도가능 금융자산	2,025,429,43	4. 유동성 장기부채	34,050,900,000
4. 기타 금융자산	46,427,652,990	5. 기타 금융부채	22,018,285,748
5. 기타 유동자산	2,655,706,590	6. 기타 유동부채	10,322,602,614
6. 현금 및 현금성자산	118,376,473,355	7. 당기법인세 부채	5,927,762,584
II. 비 유동자산	323,705,813,594	II. 비유동부채	26,798,464,504
1. 유형자산	208,304,012,883	1. 장기차입금	13,087,079,000
2. 무형자산	13,297,895,162	2. 순확정 급여부채	398,090,156
3. 투자부동산	77,176,956,032	3. 기타 금융부채	12,937,612,756
4. 관계기업에 대한 투자자산	1,081,071,037	4. 관계기업에 대한 투자자산	375,682,592

5. 매출채권 및 기타채권	184,575,617	5. 기타비유동부채 부채총계	292,972,495,989
6. 매도가능 금융자산	12,940,232,329		
7. 기타 금융자산	10,075,847,336		
8. 기타 비유동자산	591,288,651		
9. 이연 법인세자산	53,934,547		
		자본	
		Ⅰ. 자본금	24,646,734,000
		Ⅱ. 자본잉여금	27,031,588,398
		Ⅲ. 기타자본 구성요소	(23,154,420,941)
		Ⅳ. 기타포괄 손익누계액	447,232,798
		Ⅴ. 이익잉여금	431,181,318,188
		Ⅵ. 비지배 지분	513,663,258
		자본총계	460,666,115,701
자산총계	753,638,611,690	부채와 자본총계	753,638,611,690

위와같이 공고함.   ※ △는 부(-)외 수치임

▲ 대차대조표 예시

② 손익계산서(P/L: Profit and Loss Statement 혹은 I/S: Income Statement)

  - 기본구성은 수익, 비용, 이익이 있다.
  - 수익은 영업수익, 영업외수익, 특별이익이 있다.
  - 비용은 매출원가, 판매비와 관리비, 영업외비용, 특별손실, 법인세가 있다.
  - 이익은 수익에서 비용을 뺀 금액이다.
  - 손익계산서 형식

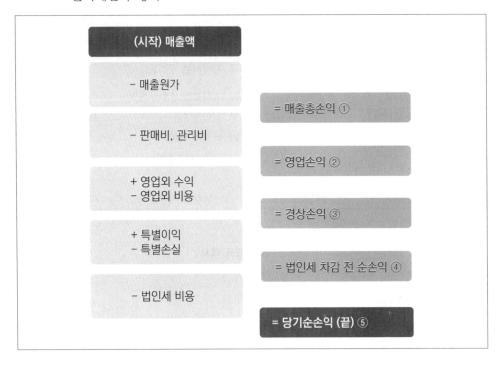

그림 10-2

구분	2017년	2016년	2015년
A사의 손익계산서		(단위=백만 원)	
I. 매출액	161,915,007	133,947,204	135,205,045
II. 매출원가	101,399,657	97,290,644	99,659,336
III. 매출총이익	60,515,350	36,656,560	35,545,709
판매비와 관리비	25,658,259	23,009,124	22,147,494
IV. 영업이익(손실)	34,857,091	13,647,436	13,398,215
기타수익	2,767,967	2,185,600	1,543,190
기타비용	1,065,014	1,289,594	792,058
금융수익	4,075,602	5,803,751	4,917,385
금융비용	4,102,094	5,622,119	4,714,115
V. 세전이익	36,533,552	14,725,074	14,352,617
법인세비용	7,732,715	3,145,325	2,114,48
VI. 당기순이익(손실)	28,800,837	11,579,749	12,238,469
VII. 주당이익			
기본주당이익(손실)	208,881원	81,602원	82,682원
희석주당이익(손실)	208,881원	81,602원	82,680원

▲ 손익계산서 예시

(2) 추정 손익분기점

손익분기점을 통해 일정 판매량과 일정 매출액이 도달하는 지점을 추정해볼 수 있다. 즉, 손실과 이익이 발생하지 않는 지점을 예측하면서 고정비와 변동비를 조정할 수 있다. 또는 추정 손익분기점이 예상보다 늦춰진다면 판매 전략을 수정해야 한다.

그림 10-3

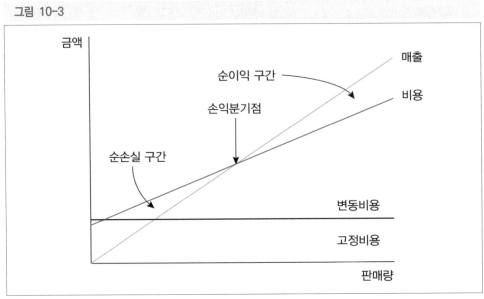

▲ 손익분기점 도식도

여기서 잠깐!

• 지금, 5장의 사업타당성을 토대로 몇 가지 재무분석을 해보라.
• 특히 유동성과 수익성 비율을 추정하면서 손익분기점까지 예측을 해보자.

도움을 받은 참고문헌

아래에 제시한 선행자료 외에도 직·간접적으로 정보와 영감을 얻게 한 수많은 자료를 생산하신 분들에게
이 자리를 빌어서 감사의 말씀 드립니다.

문개성(2018). 스포츠마케팅 4.0: 4차 산업혁명 미래비전. 박영사.

문개성(2019). 스포츠 경영: 21세기 비즈니스 미래전략. 박영사.

문화체육관광부(2014). 스포츠 산업 창업지원센터 교재(스포츠 기업).

문화체육관광부(2018). 2017 스포츠산업백서.

문화체육관광부(2018). 2017 체육백서.

문화체육관광부(2019). 제3차 스포츠산업 중장기 발전계획(2019~2023)

유순근(2017). 창업 온·오프 마케팅. 박영사.

윤거일, 양은희(2019). 나는 스포츠로 창업을 꿈꾼다. 국일미디어.

중소벤처기업부(2018). 창업상담 표준해설서.

한국스포츠정책과학원(2016). 스포츠 에이전트 제도 도입방안.

한국청년기업가정신재단(2018). 대학창업 운영 매뉴얼 3.0

Ansoff, I. H. (1957). Strategies for Diversification. Harvard Business Review, 35(2), 113-124.

Blake, R. R., & Mouton, J. S. (1964). The Managerial Grid: The Key to Leadership Excellence. Houston: Gulf Publishing.

Chelladurai, P. (1985). *Sport Management: Macro Perspective*. 신경하, 한지희, 이희화 옮김(2010). 스포츠
경영. 경기: 이담.

Fayol, H. (2013). General and industrial management. CT: Martino Fine Books. First published in French in 1916.

House, R. J. (1971). A Path-Goal theory of leader effectiveness. Administrative Science Quarterly, September, 321-338.

Katz, R. L. (1974). Skills of an effective administrator. Harvard Business Review, September, 90-102.

Kotler, P., & Keller, K. L. (2006). *Marketing management* (12th ed.). 윤훈현 옮김(2006). 마케팅
관리론. (주)피어슨에듀케이션코리아.

Kotler, P., Kartajaya, H., & Setiawan, I. (2017). Marketing 4.0: Moving From Traditional to Digital. 이진원 옮김(2017).
필립 코틀러의 마켓 4.0. 더퀘스트.

Maslow, A. (1954). Motivation and Personality. NY. Harper and Row.

Mintzberg, H. (1980). Structure in 5's: A synthesis of the research on organization design, Management
Science, 26(3), 322-341.

Porter, M. (1980). *Competitive Strategy: Techniques for Analyzing Industries and Competitors*. NY: Free
Press.

Vroom, V. H. (1964). Work and Motivation. NY: Wiley, John and Sons.

* 참고 사이트
국민체육진흥공단 www.kspo.or.kr
국민체육진흥공단(스포츠지도사) www.insports.or.kr
문화체육관광부 www.mcst.go.kr
법제처(스포츠산업 진흥법, 체육시설의 설치·이용에 관한 법률, 중소기업창업지원법, 협동조합기본법,
    1인창조기업육성에 관한 법률 www.moleg.go.kr
스포츠산업 창업지원 spobiz.kspo.or.kr
스포츠 용품시험 및 품질인증 지원사업 www.g4b.go.kr
엔젤투자지원센터 www.kban.or.kr
중소벤처기업부 www.mss.go.kr
중소벤처기업진흥공단 www.kosmes.or.kr
중소벤처기업부 비즈니스 사업단 www.bizinfo.go.kr
한국스포츠정책과학원 www.sports.re.kr
한국산업인력공단(스포츠경영관리사) www.q-net.or.kr
K-Startup www.k-startup.go.kr

찾아보기

저자소개

문개성

안녕하세요. 원광대학교에서 학생들과 스포츠 공감(共感)을 하고 있습니다. 미국 플로리다대학교 Research Scholar, 경희대학교 외래교수를 역임했고, 문화체육관광부 국민체육진흥공단에서 재직했습니다. SSCI 국제저널과 KCI 등재 학술지에 30여 편의 논문을 발표했고, 단행본, 전공 및 수험서를 10여 권 출간했습니다. 스포츠 분야에서 직무를 수행한 지 근 20년이 됐습니다. 저서와 매체로 소통하고자 노력하고 있습니다.

저서

스포츠 에이전트 직무 해설서(제2판): 선수 대리인의 비즈니스 관점. 박영사. 2020.

보이콧 올림픽: 지독히 나쁜 사례를 통한 스포츠 마케팅 이해하기. 부크크. 2019.

스포츠 경영: 21세기 비즈니스 미래전략. 박영사. 2019.

스포츠 마케팅 4.0: 4차 산업혁명 미래비전. 박영사. 2018.

스포츠 에이전트 직무 해설서. 박영사. 2018.

스포츠 갬블링. 커뮤니케이션북스. 2017.

스포츠 마케팅. 커뮤니케이션북스. 2016.

스포츠 매니지먼트. 커뮤니케이션북스. 2016.

스포츠 인문과 사회. 커뮤니케이션북스. 2015.

현대사회와 스포츠: 미래에도 무한한 인류 공통의 언어(근간)

수험서

M 스포츠경영관리사 필기 암기비법. 부크크. 2019.

M 스포츠경영관리사 실기예상 111. 부크크. 2019.

2020 M 스포츠지도사 필기 한권 완전정복. 박영사. 2019.

문개성 2019 스포츠경영관리사 완전정복: 14일 완성(개정2판) 필기·실기 동시합격하기. 박영사. 2019.

문개성 2019 스포츠경영관리사 완전정복: 기출특강 1100제(개정2판) 2014년부터 2018년, 5년 필기시험 총 정리하기. 박영사. 2019.

2018 스포츠경영관리사 1·2차 동시합격: 93.7% 합격률의 세계. 박영사. 2018.

※ 채널 : 유튜브·네이버 블로그 'M 스포츠 TV'

스포츠 창업 해설서: 스타트업 4.0 미래시장

초판발행	2020년 3월 2일
지은이	문개성
펴낸이	안종만·안상준
편 집	장유나
기획/마케팅	손준호
표지디자인	박현정
제 작	우인도·고철민
펴낸곳	(주) **박영사**
	서울특별시 종로구 새문안로3길 36, 1601
	등록 1959. 3. 11. 제300-1959-1호(倫)
전 화	02)733-6771
f a x	02)736-4818
e-mail	pys@pybook.co.kr
homepage	www.pybook.co.kr
ISBN	979-11-303-0936-1 93690

정 가   16,000원